복음사용설명서

복음사용설명서

김덕종 지음

알지만 아는 티가 안 났던 복음에 관한 쉽고 친절한 퀵가이드북

좋은씨앗

차례

복음의 길을 쉽고 선명하게

처음 오르는 산에서 어디로 가야 할지 몰라 막막할 때, 산장 주인이 나타나 가장 쉽고 빠른 길을 가르쳐 준다면 얼마나 좋을까요? 『복음사용설명서』는 바로 그런 책입니다.

복음을 다루는 책들 가운데 지적인 변증에 치우치거나 감상적인 간증 중심으로 흐르는 경우가 많습니다. 그러나 이 책은 지·정·의가 균형을 이루고 있습니다. 복음을 설명하는 과정에서는 지적 오해와 문화적 장벽을 걷어 내고, 4장과 5장, 곧 '하나님의 희생'과 '하나님의 눈물'을 다루는 대목에서는 복음의 정수를 깊이 드러내어 마음의 갈증을 채워 줍니다. 또한 복음을 개인의 구원 차원에 머물게 하지 않고, 교회 공동체와 세상을 변화시키는 소명으로까지 확장해 보여 줍니다.

이 책은 복음의 여러 면을 쉽고 선명하게 펼쳐 보이는 귀한 안

내서입니다. 제목 그대로, 복음을 어떻게 이해하고 살아낼 것인지 친절하게 이끌어 줍니다.

고상섭

그사랑교회 담임목사

가까이 두고 시시때때로

40년이 넘는 신앙인인데 과연 '복음에 관한 설명서'가 필요할까 싶었지만, 책을 읽는 가운데 '복음을 수없이 들었어도, 그것을 삶으로 살아내는 법에 대해서는 잘 알지 못할 수 있다'는 생각이 들었습니다. 이것은 초신자뿐 아니라 오랫동안 교회에 다닌 이들에게도 해당하는 이야기입니다.

이 책은 어려운 신학 용어 대신 일상의 언어로 복음의 의미를 쉽고 분명하게 설명합니다. 교리 설명에 머물지 않고 복음의 가치와 의미를 밝히며, 구원이 개인의 사건을 넘어 공동체의 삶 속에서 성령의 열매로 나타나야 함을 강조합니다. 목회 현장에서 복음을 어떻게 전할지 고민하며 쓴 글이라는 점에서 교회와 성도를 향한 저자의 진심이 느껴집니다.

저자는 교회에 대한 사회적 신뢰가 낮아진 원인을 외부인의 오해보다는 우리가 복음의 풍성함을 스스로 축소해 온 데서 찾습니다. 복음은 개인의 구원을 넘어 이웃과 세상을 향한 기쁜 소식이 되어야 하며, 교회는 성령의 열매를 맺는 삶으로 신뢰를 회복해야 한다고 말합니다.

이 책은 '사용설명서'라는 이름처럼 복음의 기초를 차근히 짚어 주며, 믿음으로 어떻게 살아가야 하는지를 친절하게 안내합니다. 그야말로 '사용설명서'처럼 가까이 두고 시시때때로 펼쳐 읽는다면, 신앙을 처음 시작한 이에게도 교회를 오래 다닌 이에게도, 이미 안다고 여겼던 복음을 새롭게 바라보는 계기가 되리라 믿습니다.

김상곤

집사, 삼성전자 Foundry 사업부 수석

효과적인 전도와 양육 자료로

『복음사용설명서』는 기독교가 말하는 복음을 쉽고 확실하며 충실하게 소개하는 뛰어난 책입니다. 복음을 어렵게 말하거나 애매하게 말하고, 혹은 일부만 전하는 경우가 많은 시대에 이런 귀한 책이 출간된 것은 참으로 반가운 일입니다.

저자는 복음의 내용을 열 가지로 나누어 제시합니다. 성경 본문에 근거해 설명하는 동시에, 이해하기 쉬운 예시를 통해 내용을 풀어 주어 복음이 무엇인지 분명하게 알 수 있도록 견실하게 안내합니다. 신학적으로 보수적이고 견고한 토대 위에 서 있으면서도, 복음이 개인의 구원을 넘어 삶과 세상 속에서 어떻게 드러나야 하는지를 함께 보여 준다는 점이 이 책의 또 다른 장점입니다. 독자들은 이를 통해 복음에 대한 선명한 그림을 갖게 될 것입니다.

이러한 이유로 이 책을 목회자와 성도들에게 기쁘게 추천합니다. 아직 예수님을 믿지 않는 분들에게는 복음을 설명하는 효과적인 전도 자료가 될 것이며, 이미 믿는 신자들에게는 복음을 더욱 깊고 명료하게 이해하도록 돕는 든든한 양육 자료가 될 것입니다.

김희석

총신대학교 신학대학원 구약학 교수

익숙함의 너울을 벗고

오늘날 한국 교회는 세상의 신뢰를 잃고 성도 수가 줄어드는 뼈아 픈 위기 앞에 서 있습니다. 저자는 그 근본 원인을 우리가 구원의 풍성함을 잊고 복음을 한순간의 사건이나 교회 안의 종교 활동으로 축소해 버린 데서 찾습니다. 이 책은 잃어버린 복음의 본질과 능력을 회복하려는 깊은 고민의 산물입니다.

전반부(1-7장)는 우리를 위해 독생자를 내어 주신 하나님의 희생과 세상의 논리로 설명할 수 없는 '은혜의 원리'를 다룹니다. 이는 우리가 무엇을 해야 하는가보다 예수님께서 우리를 위해 이미 이루신 일에 시선을 집중하게 합니다.

후반부(8-10장)는 구원을 단회적 사건에 머물지 않고 성품의 변화와 성령의 열매로 이어지는 '점진적 성화'의 여정으로 확장합니다. 복음은 단지 개인의 구원 보험이 아니라, 깨어진 관계를 회복하고 만물을 새롭게 하는 우주적 능력임을 역설합니다.

복음이 익숙해져 더 이상 감격이 없는 분들, 혹은 신앙의 열심이 삶의 변화로 이어지지 않아 고민하는 성도들에게 이 책을 권합니다. 이 책을 덮을 즈음, 나사렛 예수가 당신의 유일한 구원자라는 사실 앞에서 다시 뜨겁게 반응하게 될 것입니다.

이 '설명서'를 따라 일상의 자리에서 복음을 살아내십시오. 당신의 삶이 세상을 바꾸는 가장 강력한 복음의 증거가 될 것입니다.

한재욱

강남비전교회 담임목사, 『인문학을 하나님께』 저자

클래식 음악에는 '변주곡'(variation)이라는 것이 있습니다. 하나의 주제, 곧 하나의 멜로디를 여러 방식으로 바꾸어 반복하는 음악 형식입니다. 쉽게 말해 같은 멜로디를 조금씩 다른 옷으로 갈아입혀 여러 번 들려 주는 것입니다. 가장 잘 알려진 예가 모차르트의 '작은 별 변주곡'입니다. 우리가 잘 아는 "도도솔솔라라솔"로 시작하는 단순한 선율이 주제가 되어 뒤로 갈수록 화려하고 복잡한 기교로 변주됩니다. 리듬과 화성이 달라지면서 하나의 단순한 선율이 얼마나 풍성하고 다채롭게 확장될 수 있는지를 보여 줍니다.

이 책은 복음에 대한 '변주곡'입니다. 복음은 가장 단순하게 말하면 '예수 그리스도'입니다. 예수님이 우리의 구원자가 되신다는 것입니다. 하나님의 아들 예수님이 이 땅에 사람으로 오셨습니다. 우리의 죄를 대신하여 십자가에서 죽으시고, 3일 만에 부활하셨습니다. 이 사실을 믿는 사람은 구원을 받습니다. 이것이 복음입니다.

'복음'이라는 이 단순한 멜로디가 성경의 처음 책인 창세기부터 마지막 책인 요한계시록까지 여러 사람들과 여러 사건들을 통해 다양하게 변주되어 나타납니다. 이 책은 복음을 체계적이고 교리적으로 정리한 책이 아닙니다. 성경에 나타난 복음에 대한 다양한 변주들을 보여 주는 책입니다.

이 책은 처음 설교에서 시작되었습니다. 섬기는 교회에서 성도들에게 복음을 조금이라도 더 분명하게 설명하고 싶은 마음으로 전했던 설교들을 정리하여 한 권의 책으로 묶게 되었습니다.

요즈음 한국 교회는 세상으로부터 신뢰를 잃고 성도가 줄어드는 위기를 맞이하고 있습니다. 저는 그 근본적인 원인이 우리가 가진 구원의 풍성함을 잊고, 구원을 시간적, 공간적으로 축소해 버렸기 때문이라고 생각합니다. 이 책은 바로 그 잃어버린 복음의 본질과 능력을 회복하기 위한 고민의 산물입니다.

1장부터 7장까지는 우리를 위해 독생자를 십자가에 내어 주신 하나님의 눈물과 희생을 다룹니다. 동시에 세상의 경제 원리로는 설명할 수 없는 '은혜의 원리'를 살펴봅니다. 이는 예수님이 우리를 위해 이루신 구원의 사건을 중심으로 한 이야기입니다.

이어지는 8장부터 10장까지는 구원받은 사람의 삶에 초점을 맞춥니다. 구원을 받은 이후 우리가 어떻게 살아가야 하는지를 생각합니다. 그것은 즉각적으로 주어진 구원에 머무는 것이 아니라, 점진적으로 구원을 이루어 가는 삶입니다. 여기서는 종교적 행위에 머무는 신앙이 아니라 성품의 변화로 나타나는 성령의 열매를 강조합니다. 다시 말해, '복음을 말하는 삶'이 아니라 '복음을 보여 주는 삶'을 이야기합니다.

　이 책을 읽는 모든 분들이 상식을 뛰어넘는 하나님의 사랑과 십
자가의 은혜를 깊이 경험하시기를 소망합니다. 나 하나 구원받는
것을 넘어, 우리의 삶과 성품이 변화되어 깨어진 세상을 회복시키
는 참된 복음의 증인으로 세워지기를 간절히 바랍니다.

김덕종

1장

복음, 기독교의 핵심

이름이 아니라 문장

우리가 믿는 종교를 '기독교'라고 부릅니다. 한자로 쓰면 基督教입니다. 基는 기초, 督은 '감독하다'라는 뜻이지만, 사실 이 한자의 뜻 자체는 중요하지 않습니다. 한자에 음역이라는 것이 있는데, 발음을 따라 외국어를 한자로 옮기는 것을 말합니다. '기독'은 헬라어

크리스토스(Christos)의 발음과 유사한 한자를 찾아 가져다 쓴 말입니다. 크리스토스는 곧 '그리스도'를 가리킵니다. 따라서 기독교는 본래 그리스도교, 곧 그리스도를 믿는 종교입니다.

우리는 흔히 '예수 그리스도'라는 말을 하나의 호칭처럼 사용합니다. 그러나 이 표현은 단순한 이름이나 직함이 아닙니다. 사도행전 5장 42절은 이렇게 말합니다.

"그들이 날마다 성전에 있든지 집에 있든지 예수는 그리스도라고 가르치기와 전도하기를 그치지 아니하니라."

초대 교회 사도들이 전한 메시지는 매우 단순했습니다.

"예수는 그리스도다."

'예수 그리스도'는 예수님을 부르는 호칭이 아니라 하나의 문장이었던 것입니다. 이 문장이 바로 기독교 신앙의 중심이었습니다.

'예수 그리스도'의 의미

'예수'라는 이름은 히브리어로 '구원자'라는 뜻입니다. 마태복음 1장을 보면, 천사가 요셉에게 나타나 아들의 이름을 예수라 지으라고 명합니다. 요셉은 그 말씀에 순종해 아들의 이름을 예수라고 짓습니다.

그렇다면 '그리스도'란 무슨 뜻일까요? 요한복음 1장 41절을 보십시오.

"그가 먼저 자기의 형제 시몬을 찾아 말하되 우리가 메시아를 만났다 하고 (메시아는 번역하면 그리스도라)."

세례 요한의 제자였던 안드레는 스승의 증언을 듣고 예수님을 따르게 되는데, 그 후 형제 시몬을 만나 자신이 메시아를 만났다고 말합니다.

'메시아'는 구약에서 사용되던 말로, 신약에서는 헬라어 '그리스도'로 번역됩니다. 그 뜻은 '기름부음 받은 자'입니다. 구약 시대에는 왕, 선지자, 제사장과 같이 특별한 직분을 맡은 이에게 기름을 부었습니다. 그러므로 메시아, 곧 그리스도란 하나님이 특별한 직분으로 세우셔서 백성을 구원하게 하실 이를 가리키는 말입니다.

이렇게 생각하면 됩니다. 저는 김덕종 목사입니다. 김덕종은 제 이름이고, 목사는 직분이자 역할입니다. '김덕종 목사'란 "김덕종이 목사 직분을 맡고 있다"라는 뜻입니다. 마찬가지로 예수 그리스도란 "예수가 그리스도 직분을 맡고 있다"라는 뜻입니다.

이스라엘 백성은 오랫동안 그리스도를 기다려 왔습니다. 나라를 잃고 바벨론, 페르시아, 로마의 지배 아래서 고통받으며, 모든 압제를 끊어 줄 메시아가 오기를 소망했습니다. 그리고 성경은 말합니다. 그들이 기다리던 메시아, 곧 그리스도가 바로 예수라고. 그러므로 '예수 그리스도'는 단순한 호칭이 아니라 신앙고백입니다. "나사렛 출신, 목수 요셉의 아들로 알려진 그 예수가 메시아, 바로 우리의 구원자다"라는 고백입니다.

그러나 예수님은 이스라엘이 기대하던 성격의 메시아는 아니었습니다. 그들은 자신들을 정치적 압제로부터 구원해 줄 왕을 기다렸지만, 예수님은 단지 이스라엘을 해방하기 위해 오신 것이 아닙니다. 그분은 죄와 죽음의 압제 아래에서 신음하는 온 인류를 구하기 위해 오신 메시아였습니다.

정리하자면 이렇습니다. 예수는 그리스도이며, 기독교는 예수가 구원자이심을 믿는 종교입니다. 그것도 유일한 구원자이심을 믿습니다.

종교다원주의의 거짓말

'종교다원주의'라는 말을 들어 보셨나요? 어떤 종교든 성실하게 믿으면 구원에 이를 수 있다는 사상입니다.

이렇게 설명해 볼 수 있습니다. 설악산의 정상 대청봉에 오르는 주요 코스가 있습니다. 속초에서 올라가는 외설악 코스, 백담사가 있는 용대리에서 올라가는 내설악 코스, 오색약수터가 있는 오색에서 올라가는 남설악 코스입니다. 오르는 길은 각기 달라도 결국 모두 대청봉에 이릅니다.

종교다원주의는 구원도 이와 같다고 말합니다. 불교든, 이슬람교든, 기독교든 어느 길을 가더라도 구원에 이를 수 있다고 말합니다. 그러나 성경은 그렇게 말하지 않습니다. 사도행전 4장 12절을 보십시오.

"다른 이로써는 구원을 받을 수 없나니 천하 사람 중에 구원을 받을 만한 다른 이름을 우리에게 주신 일이 없음이라 하였더라."

우리가 구원을 받을 수 있는 다른 이름은 없습니다. 오직 예수님으로 구원을 받습니다. 예수님도 직접 말씀하셨습니다.

"내가 곧 길이요 진리요 생명이니 나로 말미암지 않고는 아버지께로 올 자가 없느니라"(요 14:6).

예수님만이 길이십니다.

'예수 그리스도', 즉 오직 예수님이 우리의 메시아, 구원자이십니다. 성경은 이 사실을 거듭 강조합니다.

왜 예수님만이 구원의 길인가?

이 질문에 답하려면 먼저 '구원'이 무엇인지 알아야 합니다. '구원'이라는 말은 교회에서만 사용하는 종교 용어가 아닙니다. 어려움에 빠진 사람을 구하는 일을 우리는 흔히 '구원'이라 부릅니다. 그런데 성경에서 말하는 구원은 단순한 곤경에서 벗어나는 것이 아니라, 영원한 하나님의 심판에서 건짐을 받는 것을 뜻합니다.

사람은 어쩌다 하나님의 심판 아래 놓이게 되었을까요? 창세기는 하나님이 세상을 창조하시고, 자신의 형상대로 사람을 지으셨다고 말합니다. 그 최초의 사람이 아담과 하와입니다. 하나님은 아담과 하와를 에덴동산에 두시고, 하나님과 교제하며 살게 하셨습니다.

그러나 사람이 하나님의 명령을 어기고 죄를 범했습니다. 이것은 단순한 실수가 아니라, 피조물이 창조주 하나님을 더 이상 따르지 않겠다고 반역한 사건이었습니다. 그 결과는 심판이었습니다. 성경은 "죄의 삯은 사망"이라고 말합니다(롬 6:23).

더욱 심각한 것은 이 사망이 육체의 죽음으로 끝나지 않는다는 점입니다.

"한 번 죽는 것은 사람에게 정해진 것이요 그 후에는 심판이 있으리니"(히 9:27).

이 심판에서 건짐을 받는 것이 구원입니다. 그런데 죄 문제는 사람의 힘으로 해결할 수 없습니다. 죄인은 스스로 죄에서 자유로워질 수 없기 때문입니다. 그래서 하나님이 아들 예수님을 이 땅에 보내셨습니다. 죄 없는 예수님이 우리의 죄를 대신해 형벌을 받으셨습니다. 그 형벌의 자리가 바로 십자가입니다.

이 지점에서 기독교는 다른 모든 종교와 결정적으로 갈라집니다. 세상의 종교는 사람이 신을 위해 무언가를 합니다. 갖은 노력을 해서 신을 기쁘게 하려 합니다. 그러나 기독교는 하나님이 사람을 위해 희생하십니다. 사람을 위해 사랑하는 아들 예수님을 십자가에서 죽게 하셨습니다. 상식을 뛰어넘는 그 사랑이 우리를 구원했습니다.

십자가 외에 다른 길은 없습니다. 선행을 많이 하거나, 깊은 깨달음을 얻거나, 다른 종교를 잘 믿어서 사람이 구원을 받을 수 있다면, 하나님이 자신의 아들을 십자가에 내어 주셨을 리 없습니다. 대속의 십자가 외에 우리가 구원받을 다른 길이 없기에 그렇게 하신 것입니다.

이것이 복음이다

기독교는 예수님이 그리스도, 곧 구원자로서 내 죄를 대신해 죽으셨음을 믿는 종교입니다. 그렇다면 이 사실을 믿는 사람에게는 어떤 일이 일어날까요? 요한복음 3장 16절은 그 결과를 분명히 말해 줍니다.

"하나님이 세상을 이처럼 사랑하사 독생자를 주셨으니 이는 그를 믿는 자마다 멸망하지 않고 영생을 얻게 하려 하심이라."

하나님이 사랑으로 주신 독생자 예수님을 믿는 사람은 멸망하지 않고 영생을 얻습니다. 겨우 목숨을 건지는 정도가 아닙니다. 요한복음 1장 12절을 보십시오.

"영접하는 자, 곧 그 이름을 믿는 자들에게는 하나님의 자녀가 되는 권세를 주셨으니."

여기서 "그 이름"은 예수님을 가리킵니다. 예수님을 믿고 주님으로 영접하는 사람은 하나님의 자녀가 됩니다. 이 땅을 창조하시고 지금도 다스리시는 만왕의 왕 하나님의 자녀가 됩니다.

이것이 복음입니다. 영원한 심판 아래 있던 사람들에게 들려온 기쁘고 복된 소식, 하나님의 아들이 내 죄를 대신해 십자가에서 죽으셨다는 소식입니다. 구원자 예수님을 믿으면 죄 사함을 받고 하나님의 자녀가 된다는 소식입니다. 기독교는 바로 이 복음을 믿는 종교입니다.

예수님이 유일한 구원자(그리스도)이심을 믿고
죄 사함을 받아 하나님의 자녀가 되는 것이 기독교의 핵심입니다.

2장

복음, 유일한 길

요즈음은 인공지능(AI)이 대세입니다. 여기저기 안 쓰이는 곳이 없습니다. 저도 설교와 강의를 준비할 때 도움을 받고, 영어 공부에도 활용합니다. 요즘 AI는 음성 대화까지 가능해 영어 회화를 조금씩 연습하고 있습니다.

그런데 오랜만에 영어로 말하려니 쉽지 않습니다. 듣기는 그럭저럭 되는데 말하기는 정말 어렵습니다. 어려운 단어와 문장도 아

구원의 길은 놀라울 만큼 단순합니다.
십자가에 달려 높이 들리신 예수님을 믿는 것,
그것이 전부입니다.

닌데, 막상 말하려 하면 입이 잘 떨어지지 않습니다. 머릿속에 이미 한국어 시스템이 확고히 자리 잡고 있기 때문입니다. 영어로 말하려는 순간, 한국어 문장이 먼저 떠오릅니다. 기존의 인식 틀을 바꾸기가 쉽지 않습니다.

니고데모의 인식 틀

요한복음 3장에는 이와 비슷하게, 기존의 인식 틀 때문에 새로운 진리를 받아들이지 못하는 한 사람이 등장합니다. 바로 니고데모입니다. 요한복음 3장 1절은 그를 이렇게 소개합니다.

"바리새인 중에 니고데모라 하는 사람이 있으니 유대인의 지도자라."

첫째, 그는 바리새인이었습니다. 오늘날 우리에게 바리새인은 부정적인 이미지로 기억되지만, 당시에 그들은 율법을 철저히 지키며 사회적으로 존경받는 종교 지도자였습니다. 복음서에서 예수님이 비판하신 것은 그들의 위선이었습니다.

둘째, 그는 유대인의 지도자였습니다. 개역한글 성경은 "유대인의 관원"이라고 표현하는데, 이는 그가 산헤드린 공회의 일원이었다는 뜻입니다. 산헤드린은 율법 해석과 규범을 정하는 종교적 권한, 경찰권을 사용하는 사법적 권한, 그에 더해 중요한 사안을 결정할 수 있는 정치적 권한도 가지고 있었습니다. 공회의 구성원은 70명이었습니다.

말하자면 니고데모는 존경받는 종교 지도자였고, 오늘날로 치면 국회의원과 판사를 겸한 인물이었습니다. 그런 사람이 한밤중에 예수님을 찾아와 말합니다.

"랍비여, 우리가 당신은 하나님께로부터 오신 선생인 줄 아나이다. 하나님이 함께하시지 아니하시면 당신이 행하시는 이 표적을 아무도 할 수 없음이니이다"(요 3:2).

니고데모는 예수님을 랍비, 곧 율법 선생으로 존중합니다. 예수님이 행하신 표적에 대해 듣고 하나님이 그와 함께하신다고 생각했기 때문입니다. 그래서 "하나님께로부터 오신 선생"이라 부르며 배우기를 청했습니다. 떠돌이 전도자에 불과하다고 여겨지던 예수님 앞에서 그는 겸손한 태도를 취했습니다.

그럼에도 그는 기존의 인식 틀을 넘어서지 못했습니다. 예수님을 하나님이 보내신 위대한 선생 이상으로는 보지 못했던 것입니다. 이어지는 대화를 보면, 그는 분명 예수님의 말씀을 제대로 이해하지 못하고 있습니다.

오늘날 사람들이 보는 예수님

오늘날에도 많은 사람이 각자의 인식 틀 안에서 예수님을 이해합니다. 특히 선교 현장에서 이런 예를 쉽게 찾아볼 수 있습니다.

한 선교사가 네팔로 가서 열심히 복음을 전했습니다. 참고로, 네팔은 힌두교 국가이고, 힌두교는 대표적인 다신교로서 섬기는 신의 수만 해도 3억 3천만으로 알려져 있습니다.

마침내 네팔인 한 명이 예수님을 영접하고 주일 예배에도 참석하기 시작했습니다. 선교사는 선교의 열매를 맺었다며 기뻐했지요. 그런데 어느 날, 개종한 줄 알았던 네팔인이 여전히 힌두교 사원에서 절하는 모습을 보았습니다.

선교사는 물었습니다.

"왜 믿음을 저버렸나요?"

그러자 네팔인은 대답했습니다.

"아니요, 저는 여전히 예수님을 믿습니다. 물론 힌두교의 다른 신들도 믿고요. 예수님이 좀 더 특별하지만요."

네팔인의 사고에는 다신교가 뿌리박혀 있습니다. 그들은 다신교 틀 안에서 예수님을 받아들입니다. 이 틀을 깨고, 예수님이 유

32

일한 구원자이심을 가르치기는 매우 어렵습니다.

이것은 비단 선교 현장만의 이야기가 아닙니다. 오늘날 세상은 예수님을 어떻게 보고 있을까요?

오래전 한 TV 프로그램에서 유명 가수의 인터뷰를 본 적이 있습니다. 그의 집 거실 한편에는 성경책이 놓여 있었습니다. 리포터가 그 이유를 묻자, 그는 자신은 불교신자이지만 성경에 좋은 말씀이 있어 간혹 펼쳐서 읽는다고 대답했습니다.

예수님을 믿지 않는 사람들도 성경에 인생에 대한 좋은 가르침이 많다고 말합니다. 윤리학을 공부하는 이들은 예수님을 최고의 윤리학자로 봅니다. 교육학 전공자들 또한 예수님의 교육방법론, 특히 비유로 진리를 설명하는 방식이 탁월하다고 평가합니다. 그들에게 예수님은 유능한 교사입니다. 1970-80년대 민중신학자들에게 예수님은 억눌린 백성을 해방하러 오신 위대한 혁명가였습니다.

이들이 보는 예수님의 모습은 부분적으로 맞습니다. 그러나 이러한 단편으로는 예수님의 전부를 설명할 수 없습니다. 이런 시선은 예수님의 본질을 담아내지 못합니다. 사람들은 자신의 사고와 경험의 틀 안에서 예수님을 보려 합니다. 그러나 예수님은 그 틀을 훨씬 넘어서는 분이십니다.

거듭남, 위로부터 오는 구원

예수님은 니고데모에게 전혀 다른 차원의 말씀을 하십니다.

"진실로 진실로 네게 이르노니 사람이 거듭나지 아니하면 하나님의 나라를 볼 수 없느니라"(요 3:3).

예수님은 하나님의 나라에 대해 말씀하십니다. 하나님의 나라란, 하나님이 통치하시는 나라를 말합니다. 여기서 '본다'는 말은 구경한다는 뜻이 아니라, 그 통치 안으로 들어간다는 의미입니다. 곧 구원을 받아 하나님 나라의 백성이 된다는 말입니다.

니고데모는 자신처럼 율법을 열심히 지키는 사람에게 하나님의 나라가 허락된다고 믿었습니다. 그런데 예수님은 그에게 전혀 다른 길, '거듭남'을 제시하십니다. 그러나 니고데모는 이 말을 이해하지 못합니다.

"사람이 늙으면 어떻게 날 수 있사옵나이까? 두 번째 모태에 들어갔다가 날 수 있사옵나이까?"(요 3:4)

그는 자신의 인식 틀 안에서 예수님의 말씀을 해석하려 했기 때문에, 그 의미를 이해하지 못했습니다.

여기서 '거듭나다'라는 말은 단순히 다시 태어난다는 뜻만이 아닙니다. 헬라어 원어에는 '위로부터 나다'라는 의미도 담겨 있습니다. 사람은 위로부터 나야 하나님의 나라를 볼 수 있습니다. 이는 사람의 힘으로는 구원받을 수 없음을 분명히 보여 줍니다. 아무리 열심히 율법을 지켜도 구원에 이를 수 없습니다. 구원은 하늘로부터 오는 하나님의 은혜이기 때문입니다.

거듭남은 '위로부터' 오는 것이고, 이 일이 가능하려면 누군가 위로부터 이 땅에 내려와야 합니다. 예수님은 이에 대해 더 자세히 설명하십니다.

"하늘에서 내려온 자 곧 인자 외에는 하늘에 올라간 자가 없느니라"(요 3:13).

여기서 "하늘에서 내려온 인자"는 예수님 자신을 가리킵니다. 구약을 보면 에녹과 엘리야가 하늘로 올라간 사건이 기록되어 있습니다(창 5:24, 왕하 2:11). 그러나 성경은 그들이 스스로 올라갔다고 말하지 않고, 하나님께서 '데려가셨다'고 표현합니다. 이는 그들이 하늘에 도달할 능력이나 권세를 가진 존재가 아니라, 하나님의 특별한 은혜로 옮겨진 피조물임을 뜻합니다.

반면 예수님은 다릅니다. 예수님은 태초부터 하나님과 함께 하늘에 계셨고, 우리를 구원하시려고 스스로 이 땅에 내려오셨습니다. 그리고 십자가의 사역을 이루신 뒤, 다시 하늘로 올라가셨습니다. 그러므로 예수님만이 참된 의미에서 하늘에서 내려오시고 하늘로 올라가신 분입니다.

예수님 말고는 하나님께 나아갈 길이 없습니다. 구원받을 다른 방법이 없다는 뜻입니다. 예수님은 이를 광야의 놋 뱀 사건으로 설명하십니다.

"모세가 광야에서 뱀을 든 것같이 인자도 들려야 하리니"(요 3:14).

이는 민수기 21장에 나오는 사건을 가리킵니다. 광야를 지나던 이스라엘 백성이 또다시 하나님께 불평했습니다. 애굽에서 잘 지내던 자신들을 괜히 광야로 불러내어 죽게 한다는 원망이었습니다. 하나님은 불평하는 이스라엘을 심판하여 불 뱀을 보내셨고, 많은 사람이 물려 죽어갔습니다.

그제야 백성은 자신들의 죄를 깨닫고 회개했습니다. 이에 하나님은 모세에게 놋으로 뱀의 형상을 만들어 장대 위에 달게 하셨습니다. 그리고 말씀하셨습니다. 장대에 달린 뱀을 보는 자는 살 것이라고. 뱀에 물린 이들이 그 놋 뱀을 바라볼 때, 죽어가던 몸이 회복되었습니다.

예수님은 이 사건을 들어 "인자도 그와 같이 들려야 한다"고 말씀하셨습니다. 이는 곧 예수님이 십자가에 달리심을 가리킵니다. 예수님은 우리 죄를 대신해 십자가에 달려 죽으셨습니다. 그리고 사흘 만에 부활하셨으며, 하늘에 오르셨습니다. 하늘로부터 오셨던 하나님의 아들이 다시 하나님의 영광으로 돌아가신 것입니다.

예수님의 십자가 죽음과 부활, 승천이 우리에게 중요한 이유는 무엇일까요?

요한복음 3장 16절이 그 이유를 분명히 말해 줍니다.

"하나님이 세상을 이처럼 사랑하사 독생자를 주셨으니 이는 그를 믿는 자마다 멸망하지 않고 영생을 얻게 하려 하심이라."

불 뱀에 물려 죽어가던 자들 가운데, 장대에 달린 놋 뱀을 본 사람은 살았습니다. 마찬가지입니다. 죄의 삯은 사망입니다. 이 죽음은 육체의 죽음으로 끝나지 않습니다. 그 뒤에는 영원한 하나님의 심판이 기다립니다. 그러나 이 심판에서 생명을 얻는 사람들이 있습니다. 우리 죄를 대신해 십자가에 달려 죽으시고, 부활하시고, 승천하신 예수님을 바라보고 믿는 사람들입니다. 이들은 멸망하지 않고 영원한 생명을 얻습니다.

구원의 단순성

니고데모는 밤중에 예수님을 찾아왔습니다. 예수님은 그에게 사람이 거듭나지 않으면 하나님의 나라에 들어갈 수 없다고 말씀하십니다.

그렇다면 어떻게 거듭나서 하나님의 나라에 들어갈 수 있을까요? 이것은 사람이 스스로 해낼 수 있는 일이 아닙니다. 그 능력은 하늘로부터 와야 합니다. 다시 말해, 하늘에서 오신 하나님의 아들 예수님을 믿어야만 가능한 일입니다.

"예수님을 믿어야 멸망하지 않고 구원받는다."

참 단순한 이치입니다. 그러나 니고데모처럼 높은 학문과 교양을 갖춘 사람에게 단순함은 오히려 걸림돌이 됩니다. 이런 사람에게 복음을 전하려면, 더 어렵고 더 논리적이며 더 학구적인 말이 필요할지도 모르겠습니다. 역사와 철학, 과학을 총동원해 설명해야 할 것 같지 않습니까?

그러나 성경이 제시하는 구원의 길은 놀라울 만큼 단순합니다. 십자가에 달려 높이 들리신 예수님을 믿는 것, 그것이 전부입니다. 너무 단순해 오히려 믿기 어려울 정도입니다.

생각해 보십시오. 만일 사람들이 불 뱀에 물려 죽어가고 있다면, 우리는 서둘러 치료부터 하려 들 것입니다. 독이 심장으로 퍼지지 않도록 물린 부위 위쪽을 꽉 묶고, 상처를 째서 피를 빼내고, 소독한 뒤 병원으로 옮겨야 하지 않을까요? 영화나 드라마에서 보았듯이 말입니다.

그런데 하나님이 제시하신 방법은 전혀 달랐습니다. 아무런 처치도 하지 말고, 그저 장대에 달린 놋 뱀을 바라보라는 것입니다. 그러면 산다니 도무지 믿기 어렵습니다.

오늘날도 비슷합니다. 우리는 악한 세상 속에서 어떻게든 선하게 살아가기 위해 금식하고, 명상하고, 봉사합니다. 이 정도는 노력해야 영원한 생명에 가까워질 수 있지 않을까 생각합니다. "십자가에 달리신 예수님만 믿으면 구원받는다"는 말이 오히려 의심쩍게 들립니다.

바울도 이 점을 들어 이렇게 말합니다.

"우리는 십자가에 못 박힌 그리스도를 전하니 유대인에게는 거리끼는 것이요 이방인에게는 미련한 것이로되"(고전 1:23).

"십자가에 못 박힌 그리스도"는 세상 사람들의 눈에는 미련해 보이는 진리일 뿐입니다. 그러나 바로 이 단순한 복음이 수많은 사람의 인생을 완전히 바꿔 놓았습니다. 바울이 그 대표적인 예입니다. 그는 잘나가는 집안에서 태어났고, 장래가 촉망되는 젊은이였습니다. 꿈꾸는 대로 살아갈 능력을 갖추었습니다. 그러나 예수 그리스도를 만난 이후, 그는 이전에 자랑하던 모든 것을 배설물처럼 여기고 평생 복음을 전하며 살았습니다.

니고데모 역시 지식이 많고 자기만의 인식 틀이 확고한 사람이었습니다. 그런 그에게 예수님은 도전하십니다. 그의 틀로는 받아들이기 쉽지 않은 진리를 제시하십니다.

이제 이 문제를 우리 자신에게 적용해 보겠습니다. 구원을 받아들이는 데 있어, 우리의 문제는 무엇입니까? 지금까지 나눈 이야기 가운데 우리가 정말 몰랐던 내용이 있었습니까?

"예수님만이 구원의 길이다."

어릴 적부터 교회에서 익히 들어온 말이 아닙니까?

그러나 너무 익숙해진 나머지, 우리는 이것이 영원한 생명이 걸린 문제라는 사실을 잊고 살아갑니다. 니고데모가 스스로의 힘으로 구원받을 수 있다는 생각에 갇혀 있었던 것처럼, 오늘날 많은 성도 역시 감격 없는 익숙함 속에 머물러 있습니다.

예수님은 니고데모에게 도전하셨습니다. 그의 인식 틀을 깨고,

위로부터 오는 구원을 받아들이라고 말씀하셨습니다. 예수님은 오
늘 우리에게도 똑같이 도전하십니다.

구원은 인간의 노력이 아니라 위로부터 주어진 은혜입니다.
예수님을 믿는 단순한 진리가 영생의 길입니다.

3장

복음, 최고의 가치

마라톤의 시작은 40여 킬로미터를 달려와 승리의 소식을 전하고 숨을 거둔 병사를 기리기 위한 거였어.

승리했다!

바울도 영원한 생명이라는 더 기쁜 소식을 전하기 위해 고난도 마다하지 않고 온 세상을 뛰어다녔지.

무엇과도 비교할 수 없는 가치

밝은 미래가 보장된 한 청년이 있었습니다. 그는 집안도 좋았습니다. 자신이 재판받을 장소를 임의로 정할 수 있는 로마 시민권을 가지고 있기도 했습니다. 학벌도 좋아 최고의 스승 아래에서 공부했고, 사회적으로 존경받는 위치에 있었습니다. 무엇 하나 부러울

것이 없는 삶이었습니다.

그런데 어느 순간부터 그의 인생이 달라졌습니다. 어딘가를 다녀온 후로, 그는 안정된 집을 떠나 떠돌이처럼 살아가기 시작했습니다. 그리고 사람들에게 이해하기 어려운 말을 전했습니다. 어떤 이들은 그의 말을 듣고 분노해, 그를 죽이려 들기까지 했습니다.

세월이 흘러 장년이 된 그는 결국 감옥에 갇혔습니다. 이제는 죽을 날만 기다리는 처지가 되었습니다. 전도유망하던 청년의 끝없는 추락처럼 보입니다. 더 이상한 것은, 이런 상황을 마주하는 그의 태도입니다. 이쯤 되면 대개는 지나온 인생을 후회하기 마련입니다. 하지만 그는 당당합니다. 오히려 자신을 잘 아는 아들 같은 이에게 이렇게 당부합니다.

"갇힌 자 된 나를 부끄러워하지 말고 … 함께 고난을 받으라"(딤후 1:8).

이 사람이 바로 디모데후서를 기록한 사도 바울입니다.

바울은 원래 존경받는 바리새인이었습니다. 최고의 학파 가말리엘 아래에서 교육을 받았고, 로마 시민권까지 가진 사람이었습니다. 사회적 지위, 명예, 학벌은 오늘날에도 많은 사람이 인생의 목표로 삼는 것들입니다. 그것을 얻기 위해 신앙과 양심을 타협하는 이들도 있습니다.

그러나 바울은 이 모든 것을 배설물과 같이 여겼다고 말합니다. 실제로 고난의 길을 걸었습니다. 그는 지나온 자신의 삶을 이렇게 요약합니다.

내가 수고를 넘치도록 하고 옥에 갇히기도 더 많이 하고 매도 수없이 맞고 여러 번 죽을 뻔하였으니, 유대인들에게 사십에서 하나 감한 매를 다섯 번 맞았으며, 세 번 태장으로 맞고 한 번 돌로 맞고 세 번 파선하고 일 주야를 깊은 바다에서 지냈으며, 여러 번 여행하면서 강의 위험과 강도의 위험과 동족의 위험과 이방인의 위험과 시내의 위험과 광야의 위험과 바다의 위험과 거짓 형제 중의 위험을 당하고, 또 수고하며 애쓰고 여러 번 자지 못하고 주리며 목마르고 여러 번 굶고 춥고 헐벗었노라(고후 11:23-27).

잘나가던 젊은이가 이런 삶을 살게 된 이유는 무엇입니까? 고난을 겪으면서도 부끄러워하기는커녕, 오히려 "함께 고난을 받자"고 권할 수 있었던 힘은 어디에서 나왔을까요?

바울은 그 힘이 복음에서 나온다고 말합니다.

"복음과 함께 고난을 받으라"(딤후 1:8).

"내가 이 복음을 위하여 … 세우심을 입었노라"(딤후 1:11).

바울은 복음 때문에 겪게 된 이러한 삶을 부끄러워하지 않습니다. 복음을 전하는 데 인생을 바쳤고, 복음을 위해 세상의 성공을 뒤로했습니다. 복음이 무엇보다 가치 있음을 알았기 때문입니다.

바울이 그토록 소중히 여긴 복음은 구체적으로 무엇입니까? 디모데후서 1장 10절은 그 내용을 다음과 같이 말합니다.

"이제는 우리 구주 그리스도 예수의 나타나심으로 말미암아 나타났으니 그는 사망을 폐하시고 복음으로써 생명과 썩지 아니할 것을 드러내신지라."

복음은 곧 예수님에 대한 이야기입니다. 예수님 그 자체입니다. 왜 예수님이 복음입니까? 그분이 이 땅에 오셔서 하신 일 때문입니다. 첫째, 사망을 폐하셨습니다. 둘째, 생명과 썩지 아니할 것을 드러내셨습니다.

죽음은 인간에게 가장 근본적인 문제입니다. 만약 육체의 죽음으로 모든 것이 끝난다면, 사람은 한 세상 눈 딱 감고 자기 마음대로 살 수도 있을 것입니다. 그러나 성경은 말합니다.

"한 번 죽는 것은 사람에게 정해진 것이요 그 후에는 심판이 있으리니"(히 9:27).

죽음 이후에는 하나님의 영원한 심판이 있습니다. 이는 죄의 결과입니다. "죄의 삯은 사망"(롬 6:23)이기 때문입니다.

인간은 오랜 세월 죽음을 극복하려 애써 왔습니다. 수명을 연장하기 위해, 죽음을 피하기 위해 온갖 시도를 해 왔습니다. 중국의 진시황제는 불로초를 찾기 위해 사람들을 전 세계로 보냈습니다. 오늘날의 과학기술 역시 그 연장선에 있습니다.

영화 〈아일랜드〉는 이러한 인간의 욕망을 극단적으로 보여 줍니다. 영화는 처음에 인류가 큰 재앙을 겪은 뒤, 극소수만 살아남은 미래 사회를 그립니다. 사람들은 철저히 관리되는 시설 안에서 살아가며, 지구상에서 유일하게 오염되지 않은 희망의 땅 '아일랜드'로 가는 날을 기다립니다. 추첨을 통해 그곳으로 갈 사람이 정해지고, 그날을 맞은 사람은 모두의 부러움과 축복 속에 떠납니다.

그러나 영화 중반에 이르러 충격적인 진실이 드러납니다. 그들이 기다리던 아일랜드는 존재하지 않았습니다. 그들은 재앙에서 살아남은 인류가 아니라, 장기를 제공하기 위해 만들어진 복제 인간이었던 것입니다. '아일랜드로 간다'는 말은 곧 죽음을 의미했습니다. 누군가 더 오래 살기 위해 다른 누군가는 대신 죽어야 했던 것입니다.

인간은 그렇게 해서라도 수명을 연장하려 합니다. 죽음을 피하고 싶어 합니다. 그러나 그 모든 시도는 결국 비극으로 끝나고 맙니다. 죽음은 인간이 어떤 방법으로도 넘을 수 없는 장벽이기 때문입니다.

이 절망의 벽을 깨뜨리신 분이 예수님입니다. 예수님은 우리의 죄를 대신해 십자가에서 죽으셨고, 사흘 만에 부활하심으로 사망의 권세를 이기셨습니다. 예수님의 부활은 그분 한 분의 승리로 끝나지 않습니다.

고린도전서 15장 20절은 이렇게 말합니다.

"그러나 이제 그리스도께서 죽은 자 가운데서 다시 살아나사 잠자는 자들의 첫 열매가 되셨도다."

예수님이 첫 열매라면, 그 뒤를 따르는 열매들도 있습니다. 15장 52절은 이렇게 선언합니다.

"나팔 소리가 나매 죽은 자들이 썩지 아니할 것으로 다시 살아나고 우리도 변화되리라."

마지막 날 나팔 소리가 날 때, 죽은 자들이 다시 살아납니다. 이것이 복음입니다. 예수님이 죽음을 이기셨고, 그분을 믿는 사람들 역시 죽음을 넘어 영원한 생명을 얻게 된다는 소식입니다. 이보다 더 기쁜 소식이 있을까요?

마라톤 경기의 유래는 익히 아실 것입니다. 마라톤 평야의 전투에서 그리스가 승리했다는 소식을 전하기 위해, 한 병사가 42킬로미터의 거리를 쉼 없이 달렸습니다. 그 병사는 이 기쁜 소식을 전하고 숨을 거두고 말았습니다. 이를 기념하기 위해 마라톤 경기가 생겼습니다.

복음은 그보다 훨씬 더 기쁜 소식입니다. 잠깐에 지나지 않는 이 땅의 삶을 넘어 영원한 생명에 대한 기쁜 소식입니다. 바울은 그리스의 병사가 쉼 없이 달렸던 것처럼 이 기쁜 소식, 복음을 전하러 다녔습니다. 그 길에서 겪는 고난도 기꺼이 감당했습니다. 바울과 같은 이들이 있었기에 오늘 우리도 이 기쁜 소식, 곧 복음을 듣고 있습니다.

값없이 주어진 기쁜 소식

이 복음이 더욱 놀라운 이유는, 아무 조건 없이 주어졌다는 점입니다.

"하나님이 우리를 구원하사 거룩하신 소명으로 부르심은 우리의 행위대로 하심이 아니요 오직 자기의 뜻과 영원 전부터 그리스도 예수 안에서 우리에게 주신 은혜대로 하심이라"(딤후 1:9).

"거룩하신 소명"이란 하나님이 우리를 구원하신 목적을 가리킵니다. 현대인의성경은 이 표현을 "또 그분의 거룩한 일을 위해 우리를 부르셨습니다"라고 옮깁니다. 하나님은 우리를 단지 죄에서 건져 내는 데서 그치지 않고, 거룩한 백성으로 세우기 위해 부르셨습니다.

그렇다면, 어차피 거룩한 사람을 만드는 것이 목적이라면, 조금이라도 더 나은 사람을 구원하는 편이 좋지 않을까요? 아예 엉망인 사람보다 그나마 착하게 살려고 애쓰는 사람을 구원하는 편이 거룩한 사람으로 만들기에 더 효율적이지 않을까요? 그러나 하나님은 그렇게 하지 않으셨습니다.

바울이 여러 서신에서 거듭 강조하듯이, 하나님은 우리의 행위를 보고 우리를 부르지 않으셨습니다.

"우리의 행위대로 하심이 아니요…"(9절).

구원은 전적으로 하나님의 뜻과 은혜에 달려 있습니다. 9절 후반부는 이 은혜가 "영원 전"부터, 에베소서 1장 4절은 "창세 전"부터 준비되었다고 말합니다. 우리가 태어나기도 전에 정해진 은혜이니, 우리의 어떤 행동도 구원에 영향을 줄 수 없습니다. 구원은 일방적인 은혜의 결과입니다.

아무런 조건 없이 주어졌지만, 필요한 것이 딱 한 가지 있습니다. 이 은혜는 예수 그리스도 안에서만 가능합니다. 예수님을 믿기만 하면 영원한 생명을 얻습니다. 이것이 바로 복음입니다.

바울은 자신이 이 복음을 위해 선포자요 사도요 교사가 되었다고 고백합니다(딤후 1:11).

이 복음에는 한 사람의 인생을 송두리째 바꾸는 힘이 있습니다. 나아가 그 삶을 붙들고 이끄는 능력이 있습니다. 그래서 어떤 상황에서도 이 복음으로 인해 감사하고 기뻐할 수 있습니다. 바울은 이 복음을 위해 모든 것을 배설물처럼 여기고, 자신의 삶 전부를 바쳤습니다.

복음을 위한 삶

〈애통하는 자는 복이 있나니〉라는 동영상이 있습니다. 카자흐스탄에서 사역하던 한재성 선교사의 이야기입니다.

어느 날 그의 가정에 크나큰 비극이 닥쳤습니다. 집에 강도가 들어, 아내 김진희 선교사가 총에 맞아 숨진 것입니다. 두 사람은 선교의 꿈을 품고 함께 카자흐스탄으로 왔고, 그 땅에 하나님의 나라가 확장되기를 기도하며 함께 섬겨 왔습니다. 바로 그곳에서 그는 아내를 잃었습니다.

한재성 선교사의 상심은 이루 말할 수 없었습니다. 그는 한국으로 돌아와 아내의 장례를 치렀습니다. 아내를 떠올릴 때마다 눈물이 쏟아지고 마음을 추스르기 힘들었습니다. 그런데 그는 아내의 무덤 앞에서 결심합니다. 다시 카자흐스탄으로 돌아가 선교 사역을 계속하기로 말입니다.

그가 다시 카자흐스탄으로 돌아간 이유는 하나였습니다. 오직 복음 때문이었습니다. 자신이 받은 복음의 은혜, 자신을 끝까지 붙드신 그리스도의 사랑이 그를 다시 그 땅으로 이끌었습니다. 그래서 그는 〈오직 주의 사랑에 매여〉라는 찬양을 부르며, 그 가사처럼 오직 나를 사랑하신 그리스도의 사랑에 매여, 복음에 매여 그 땅으로 돌아갔습니다.

이 모습은 낯설지 않습니다. 바울이 걸어갔던 바로 그 길이기 때문입니다. 바울 역시 복음에 매여 인생의 성공보다 복음을 전하는 일에 힘썼던 사람입니다. 2천 년이 지난 오늘, 바울은 여전히 우리에게 말하고 있습니다. 예수 그리스도를 믿으라고, 이 복음과 함께 살라고. 복음이 인생에서 가장 큰 가치임을 그는 자신의 삶으로 증언했습니다.

복음은 예수님이 사망 권세를 이기고 우리에게 영생을 주셨다는 기쁜 소식입니다. 무엇과도 바꿀 수 없는 인생의 고귀한 가치입니다.

4장
복음, 하나님의 희생

자유의지를 가진 유일한 피조물

창세기 3장은 인류 역사에서 가장 슬프고도 아픈 장면을 전합니다. 최초의 사람 아담과 하와가 뱀의 유혹에 넘어가 하나님의 말씀에 불순종했고, 그 결과 죄가 세상에 들어왔습니다. 이 사건으로 사람은 하나님과의 관계가 깨어졌고, 영원한 심판 아래 놓이게 되

었습니다.

이 대목에서 흔히 이런 질문이 제기됩니다.

"왜 하나님은 선악과를 만들어 사람이 죄를 짓게 하셨는가? 애
초에 선악과를 만들지 않으셨다면 죄 지을 일도 없지 않았는가?"

더 나아가 이렇게 묻는 이들도 있습니다.

"왜 사람을 불순종할 수 있는 존재로 만드셨는가?"

만일 하나님이 사람을 무조건 순종하는 존재로 창조하셨다면, 타락을 원천적으로 막을 수 있지 않았겠느냐는 질문입니다. 불순종이 죄라면, 그러한 가능성 자체를 열어 둔 하나님이 오히려 악의 원인을 제공하신 것이 아니냐는 생각입니다.

그러나 우리는 하나님이 악의 창조자가 아니시며, 본질적으로 선하신 분이라는 사실을 알고 있습니다. 알면서도 고민합니다. 악의 기원 문제는 신학적으로도 오래된 논쟁거리입니다. 저 역시 이 문제를 다룬 많은 책을 읽어 보았지만, 속 시원한 답을 주는 책은 없었습니다.

그러던 중, 이 문제를 전혀 다른 각도에서 바라보게 되었습니다.

"사람이 하나님을 거역할 수 있다는 것 자체가 축복이다."

"사람이 하나님께 불순종할 수 있도록 만드신 것이 오히려 하나님의 사랑이다."

얼른 이해되지 않는 말이겠지만, 왜 그런지 차근차근 생각해 보겠습니다. 기독교 신앙의 핵심을 간결하게 정리한 웨스트민스터 소요리문답 제1문답은 이렇게 묻고 답합니다.

1문: 사람의 제일 되는 목적은 무엇입니까?

답: 하나님을 영화롭게 하는 것과 영원토록 그를 즐거워하는 것입니다.

하나님이 사람을 창조하신 목적은 단지 명령에 복종하게 하기 위함이 아니라, 하나님께 영광을 돌리고 그분을 즐거워하게 하기 위함입니다.

만일 하나님이 단순히 찬양만 받기 원하셨다면, 사람처럼 복잡한 존재를 만드실 필요는 없었을 것입니다. 버튼만 누르면 언제든지 찬양을 출력하는 기계나, 정해진 명령만 수행하는 로봇을 만드셨다면 훨씬 간단했을 테지요. 말 잘 듣고, 속 썩이지 않고, 원할 때마다 찬양을 올려 드리는 존재 말입니다.

그러나 하나님은 사람을 그렇게 창조하지 않으셨습니다. 생각 없이 찬양을 출력하는 기계로, 앵무새처럼 말만 따라하는 존재로, 혹은 길들여진 애완동물처럼 만들지 않으셨습니다. 오히려 자유의지를 지닌 존재, 심지어 창조주 하나님을 거역할 수도 있는 존재로 지으셨습니다.

성경을 보면, 피조물 가운데 하나님의 명령에 순종하지 않는 것은 오직 사람뿐입니다. 출애굽기의 열 가지 재앙을 떠올려 보십시오. 강물도, 동물도, 곤충도, 질병도, 자연도 하나님의 말씀에 그대로 순종했습니다. 복음서에서도 마찬가지입니다. 폭풍이 몰아쳐 제자들이 두려움에 떨 때, 예수님이 바다를 향해 "잠잠하라"고 명하시자 곧 잔잔해졌습니다. 제자들은 "그가 누구이기에 바람과 바다도 순종하는가"(막 4:41)라며 놀랐습니다. 이렇게 거친 자연도 순종하는데, 오직 사람만이 하나님을 거역합니다.

왜 하나님은 사람을 이렇게 만드셨을까요?

이번에는 사람의 입장에서 생각해 보겠습니다. 만일 우리가 무조건 순종하도록 프로그램된 존재라면 과연 행복할까요? 선택의 자유 없이 정해진 대로만 살아야 한다면, 그것을 진정한 삶이라 할 수 있을까요?

자녀를 너무나 사랑하는 한 부모가 있다고 합시다. 그 부모의 눈에 자녀는 늘 어리고 부족해 보입니다. 그래서 모든 일을 대신 결정해 줍니다. 무슨 공부를 할지, 어떤 친구를 만날지, 무슨 직업을 가질지, 누구와 결혼할지 다 정해 줍니다. 우리는 이것을 사랑이라 부르지 않습니다. 이것은 집착이며 통제입니다. 그런 환경에서 자란 자녀는 결코 행복할 수 없습니다.

하나님도 마찬가지입니다. 하나님은 사람을 사랑하시기에 자신의 형상을 따라 창조하셨습니다. 자유의지를 가지고 스스로 선택하고 판단할 수 있도록, 심지어 하나님을 거역할 수도 있도록 지으셨습니다. 그 선택이 하나님의 마음을 아프게 할 수도 있음을 아시면서 말입니다.

이것이 사랑입니다. 피조물의 행복을 위해 배신의 아픔까지 감내하시는 창조주의 사랑입니다. 그 사랑을 어떻게 비난할 수 있을까요? 그 사랑 앞에서 "왜 우리를 거역할 수 있게 만드셨습니까?"라고 따질 수 있을까요?

우리의 행복을 위해 상처받기를 마다하지 않으시는 창조주, 그분이 바로 우리가 믿는 하나님이십니다.

눈물을 마시는 왕

하나님의 사랑은 여기에서 멈추지 않습니다. 사람은 하나님을 거역할 수 있는 존재로 창조되었고, 선택은 사람에게 주어졌습니다. 하나님께 순종하며 에덴동산의 풍성함을 누릴 수도 있었습니다. 그러나 사람은 잘못된 선택을 했고, 그 책임은 전적으로 사람에게 있습니다.

그렇다면 하나님은 그 잘못된 선택 앞에서 어떻게 하셨어야 할까요? 하나님은 창조주이시고, 사람은 피조물입니다. 문제가 생긴 피조물이 있다면, 없애고 다시 만들면 됩니다. 아이들이 찰흙으로 무언가를 만들다가 마음에 들지 않으면 한데 이겨서 새로 만드는 것처럼 말입니다.

그러나 하나님은 다른 길을 택하셨습니다. 사람이 마음에 들지 않는다고 해서 버리지 않으셨습니다. 사랑하기에 포기하실 수 없었습니다. 그래서 택하신 길이 무엇입니까? 놀랍게도 하나님은 잘못에 대한 책임을 사람에게만 묻지 않으셨습니다. 사람이 받아야 할 벌을 하나님 자신이 지는 길을 선택하셨습니다.

이 대목에서 한 이야기가 떠오릅니다. 우리나라의 대표적인 판타지 작가 이영도의 소설 『눈물을 마시는 새』에 나오는 비유입니다. 소설 속 세계에는 이런 말이 전해집니다.

"새 가운데 피를 마시는 새와 눈물을 마시는 새가 있는데, 피를 마시는 새는 가장 오래 살고, 눈물을 마시는 새는 가장 빨리 죽는다."

왜 눈물을 마시는 새가 가장 빨리 죽을까요? 눈물은 사람 안에 있는 고통과 슬픔이 밖으로 흘러 나온 것입니다. 좋은 것을 내보낼

리 없습니다. 아프고 괴로우니 흘려 보내는 것이 눈물입니다. 그러니 그 눈물을 마시는 새는 오래 버틸 수 없습니다.

소설은 말합니다. 진정한 왕은 '눈물을 마시는 새'라고. 백성의 눈물을 마시다가, 결국 그 눈물로 인해 죽기까지 하는 존재가 참된 왕이라는 것입니다.

대통령 선거철이 되면 후보자들이 시장을 찾고, 노동자와 사회적 약자를 만나 그들의 이야기를 듣는 모습을 자주 보게 됩니다. 때로는 진정성을 의심받기도 하지만, 국민의 고통에 귀 기울이고 눈물을 닦아 주겠다는 태도 자체는 지도자에게 요구되는 덕목일 것입니다. 실제로 우리 사회가 큰 위기를 겪던 시기에, 한 대통령이 취임식에서 국민의 아픔을 언급하며 눈물을 흘린 적도 있습니다. 우리는 적어도 국민의 눈물에 공감하고 책임을 느끼는 지도자를 기대합니다.

그러나 이 땅의 어떤 왕도, 어떤 대통령도 백성의 눈물을 대신 마실 수는 없습니다. 함께 울어 줄 수는 있어도, 그 고통을 대신 짊어지고 죽어 줄 수는 없습니다. 그것이 인간 지도자의 한계입니다.

그러나 우리는 알고 있습니다. 내 눈물을 마시고, 나를 위해 죽으신 왕이 계십니다. 그분은 바로 예수 그리스도이십니다. 만왕의 왕이신 그분은 이 땅에 오셔서 우리의 눈물을 마시셨습니다. 우리의 죄와 고통을 짊어지고 십자가에서 죽으셨습니다.

하나님의 희생

성경에서 구원의 약속이 가장 먼저 등장하는 곳은 창세기 3장 15절입니다. 흔히 이 구절을 '구약의 복음' 또는 '원시 복음'이라 부릅니다.

"내가 너로 여자와 원수가 되게 하고 네 후손도 여자의 후손과 원수가 되게 하리니 여자의 후손은 네 머리를 상하게 할 것이요 너는 그의 발꿈치를 상하게 할 것이니라."

이 말씀은 뱀을 향한 하나님의 심판 선언입니다. 여기서 '너'는 뱀을 가리키며, 뱀의 후손과 여자의 후손 사이에 지속적인 대립이 있을 것임을 예고합니다. 뱀의 후손은 여자 후손의 발꿈치를 상하게 하지만, 여자의 후손은 뱀의 머리를 상하게 합니다. 발꿈치의 상함은 고통스럽기는 해도 치명적이지 않습니다. 그러나 머리가 상한다는 것은 결정적인 패배를 뜻합니다.

그렇다면 여기서 말하는 '여자의 후손'은 누구일까요? 구약 시대의 사람들은 그 정체를 어렴풋이 짐작할 수밖에 없었습니다. 그러나 우리는 분명히 압니다. 그 약속은 이미 성취되었기 때문입니다. 여자의 후손은 바로 예수 그리스도를 가리킵니다.

하나님의 아들 예수님이 우리의 죄를 대신해 십자가에서 죽으시고 부활하셨습니다. 십자가는 창조주 하나님이 피조물을 위해 자신을 내어 주신 사건입니다. 이것이 하나님의 희생입니다.

사람을 위해 자신을 내어 주시는 하나님의 모습은 구약성경 곳곳에서 예표적으로 나타납니다. 그중 하나가 출애굽기 17장의 사건입니다. 출애굽한 이스라엘 백성은 광야에서 물이 없다고 원망합니다. 이에 하나님은 모세에게 반석을 치라 명하시고, 반석에서 물이 터져 나오게 하십니다.

이 장면을 자세히 보면 의미심장한 표현이 등장합니다.

"내가 호렙산에 있는 그 반석 위 거기서 네 앞에 서리니 너는 그 반석을 치라. 그것에서 물이 나오리니 백성이 마시리라. 모세가 이스라엘 장로들의 목전에서 그대로 행하니라"(출 17:6).

하나님은 "반석 위 거기서 네 앞에 서겠다"고 말씀하십니다. 모세가 지팡이를 들어 반석을 칠 때, 하나님이 그 자리에 계신다는 것입니다. 그러면 누가 지팡이에 맞습니까? 반석이 깨져 물이 나오기 전에, 하나님이 먼저 맞으시는 형국입니다. 반석 위에서 지팡이를 맞으시는 하나님, 그럼으로써 물을 공급하시는 하나님, 사람을 위해 자신을 내어 주시는 모습이라 할 수 있습니다.

바울은 여기에서 한 걸음 더 나아갑니다. 고린도전서 10장 1-4절을 보십시오.

형제들아, 나는 너희가 알지 못하기를 원하지 아니하노니 우리 조상들이 다 구름 아래에 있고 바다 가운데로 지나며, 모세에게 속하여 다 구름과 바다에서 세례를 받고, 다 같은 신령한 음식을 먹으며, 다 같은 신령한 음료를 마셨으니 이는 그들을 따르는 신령한 반석으로부터 마셨으매 그 반석은 곧 그리스도라.

바울은 이스라엘 백성의 광야 생활을 설명하면서, 그들이 먹은 음식과 마신 물이 단순한 자연적 공급이 아니라 '신령한' 것이었다고 말합니다. 하나님이 친히 공급하신 생명의 양식이었습니다.

그런데 4절을 보십시오. 모세가 지팡이로 깨뜨린 그 반석을 누구라고 말합니까?

"그 반석은 곧 그리스도시라."

구약의 백성은 반석에서 나온 물을 마시고 광야에서 생명을 유지했습니다. 이제 우리는 십자가에서 찢기신 예수님의 몸에서 흘러 나오는 생수를 마시고 영원한 생명을 얻습니다. 예수님이 흘리신 피로 말미암아 우리가 구원을 받습니다.

눈물을 마시는 왕, 백성을 위해 대신 죽으신 만왕의 왕 예수 그리스도. 우리는 그분을 주님으로 고백합니다. 성경은 바로 이 예수님을 믿는 사람이 구원을 받는다고 말합니다. 나를 위해 희생하신 창조주 하나님, 내 죄를 대신해 십자가에서 죽으신 하나님의 독생자, 오직 그분을 믿는 사람이 구원을 받습니다. 이것이 복음입니다.

하나님은 인간의 자유의지를 존중하시며, 우리 죄와 눈물을 대신 짊어지신 십자가 사랑으로 우리를 구원하셨습니다.

5장

복음, 하나님의 눈물

아버지의 마음

낯설게 보기

신학대학원에서 공부할 때 배운 개념이 하나 있습니다. 바로 '낯설게 보기'입니다. 성경을 읽다 보면 익숙한 본문을 자주 만나게 됩니다. 주일학교 때부터 반복해서 들어온 이야기이고, 몇 절만 보아도 결말과 교훈이 자연스레 떠오릅니다. 그러다 보니 본문을 깊이 음미하기보다는 이미 안다는 생각으로 대충 훑고 지나갈 때가 많습니다.

그러나 익숙한 본문일수록 의도적으로 낯설게 보아야 합니다. 처음 접하는 말씀인 것처럼 한 구절 한 구절을 천천히 읽다 보면, 잘 안다고 여겼던 본문이 전혀 새롭게 다가오는 경험을 하게 됩니다.

창세기 22장 역시 우리에게 매우 익숙한 본문입니다. 어느 날 하나님이 아브라함을 찾아와 그의 아들 이삭을 번제로 바치라 명하십니다. 번제는 짐승을 죽여 불로 태워 하나님께 올려 드리는 제사입니다. 아브라함은 그 말씀을 따라 이삭을 데리고 모리아산으로 올라갑니다. 칼을 들어 아들을 죽이려는 바로 그 순간, 하나님은 그를 멈추게 하시고 수풀에 걸린 숫양을 대신 제물로 바치게 하십니다. 그리고 아브라함에게 다시 한 번 약속의 복을 선포하십니다.

이 이야기는 너무나 잘 알려져 있고, 교훈도 분명합니다. 우리는 이해할 수 없는 하나님의 명령 앞에서도 끝까지 순종한 아브라함의 믿음을 배웁니다. 그러나 여기서는 이 본문을 조금 다른 각도에서 낯설게 보고자 합니다. 아브라함의 모습을 통해 하나님의 마음을 들여다보려는 것입니다.

창세기 22장 1절은 이렇게 시작합니다.

"그 일 후에."

성경을 읽을 때, 이런 표현을 놓쳐서는 안 됩니다. 이는 이야기를 이끌어 가는 내레이터의 중요한 진술입니다. "그 일 후에"라고 했다면, 그 앞에 어떤 일이 있었는지를 반드시 살펴보아야 합니다.

앞장인 창세기 21장 22절부터는 아브라함과 아비멜렉이 평화협정을 맺는 장면이 나옵니다. 34절에 이르면, 아브라함은 블레셋 땅에서 여러 날을 지내기까지 합니다. 아비멜렉은 그랄의 왕으로, 과거에 아브라함이 두려움에 사로잡혀 아내 사라를 누이라고 속였던 바로 그 인물입니다. 그때 아브라함은 아무 말도 하지 못한 채, 사라를 빼앗길 처지에 놓였습니다. 그런데 이제는 상황이 완전히 달라졌습니다. 아비멜렉이 먼저 아브라함을 찾아와 평화를 제안합니다.

이 사건은 아브라함에게 매우 큰 의미를 지닙니다. 그는 가나안 땅의 외지인이었습니다. 갈대아 우르를 떠나 이 땅에 도착한 이후, 그의 삶은 늘 불안과 이동의 연속이었습니다. 가뭄을 피해 애굽으로 내려가야 했고, 조카 롯이 동방의 여러 왕에게 사로잡히자 군사를 이끌고 가서 전쟁을 치르기도 했습니다. 자신의 안전을 위해 두 차례나 아내 사라를 누이라고 속이는 부끄러운 선택도 했습니다.

그러나 마침내 그의 삶에 평화가 찾아왔습니다. 떠돌이였던 그에게 정착할 수 있는 여지가 생겼고, 무엇보다 백 세에 얻은 아들 이삭이 곁에 있습니다. 그는 가정의 불화를 일으킬 수도 있던 하갈과 이스마엘을 집에서 내보내고, 약속의 아들 이삭을 가정의 중심에 두었습니다.

바로 그때, 하나님이 아브라함을 찾아오십니다. 그리고 누구에게도 침범받고 싶지 않은, 행복의 한가운데 있는 그에게 가장 가혹할 수 있는 요구를 하십니다.

"네 아들 네 사랑하는 독자 이삭을 … 번제로 드리라"(창 22:2).

아브라함은 이 명령 앞에서 믿음으로 순종합니다. 과연 믿음의 조상이라 불릴 만한 모습입니다.

아버지의 마음

이제 아브라함의 모습을 조금 다른 각도에서 바라보겠습니다. 믿음의 영웅이 아니라, 아버지의 마음으로 보는 것입니다.

"하나님이 그에게 일러주신 곳에 이른지라. 이에 아브라함이 그곳에 제단을 쌓고 나무를 벌여 놓고 그의 아들 이삭을 결박하여 제단 나무 위에 놓고 손을 내밀어 칼을 잡고 그 아들을 잡으려 하니"(창 22:9-10).

이 구절은 얼핏 보면 아브라함이 이삭을 잡으려는 장면을 단순히 서술하는 듯합니다. 그러나 여기에서 '낯설게 보기'가 필요합니다. 본문을 찬찬히 읽어 보면 한 가지 특징이 눈에 들어옵니다. 행동을 묘사하는 동사가 유난히 많다는 점입니다.

사실 이 장면은 훨씬 간단히 표현할 수도 있습니다. "아브라함이 제단을 쌓고 아들을 잡으려 하니"라고만 해도 의미는 충분히 전달됩니다. 그런데 본문은 제단을 쌓고, 나무를 벌여 놓고, 아들을 결박하고, 제단 위에 올려놓는 장면을 하나하나 끊어서 보여 줍니다. 칼을 드는 장면조차 단번에 처리하지 않고, 먼저 손을 내밀고, 그다음 칼을 잡고, 마침내 아들을 잡으려는 순간까지 천천히 따라갑니다. 만약 이 장면을 영화로 만든다면, 슬로모션으로 처리했을 것입니다. 숨소리조차 크게 들릴 듯한 침묵 속에서, 아브라함의 손짓 하나하나가 화면을 채웠을 것입니다.

성경 기자가 이렇게까지 자세히 묘사하는 이유는 분명합니다. 이 장면은 믿음의 영웅을 부각하기보다, 아들을 바쳐야 하는 아버지의 마음을 드러내고 있기 때문입니다. 동작 하나하나에 아버지의 고뇌와 슬픔이 배어 있습니다. 하나님의 말씀에 순종해야 하지만, 그러자면 아들을 잃어야 하는 아버지의 마음이 느린 서술 속에 고스란히 담겨 있습니다.

하나님의 눈물

이 아들은 아브라함에게 어떤 자녀입니까? 창세기 22장은 이삭을 매우 특별한 방식으로 소개합니다. 하나님이 이삭에 대해 말씀하실 때, 그를 단순히 '이삭'이라 하지 않으십니다. "네 아들 네 사랑하는 독자 이삭"(2절)이라 부르십니다. 12절에서도 "네 아들 네 독자"라고 말씀하십니다. 아브라함에게 이삭은 하나뿐인 아들이며, 사랑의 대상이자 약속의 성취였습니다. 그런 아들을 죽여야 하니 아브라함의 마음은 갈기갈기 찢어졌을 것입니다.

그런데 신약성경에서 이 표현이 다시 등장합니다. 마태복음 3장, 예수님이 요단강에서 세례를 받으시는 장면입니다. 하늘이 열리고 하나님의 성령이 비둘기같이 임하신 뒤, 하늘로부터 음성이 들립니다.

"이는 내 사랑하는 아들이요 내 기뻐하는 자라"(마 3:17).

이것은 하늘에 계신 하나님 아버지의 음성입니다. 하나님은 예수님을 "내 사랑하는 아들"이라 부르십니다. 창세기에서 이삭에게 사용되었던 그 표현이, 이제 예수님에게 그대로 쓰이고 있습니다.

우리는 지금까지 복음이 무엇인지 계속 살펴보고 있습니다. 복음이란 무엇입니까? 예수 그리스도가 우리 죄를 대신해 십자가에서 죽으시고 부활하셨으며, 그 사실을 믿는 사람이 구원을 얻는다는 소식입니다. 그런데 십자가에서 죽으신 그 예수님은 하나님의 하나뿐인 아들이십니다. 하나님은 사랑하는 아들이 십자가에서 고통당하며 죽어가는 모습을 하늘에서 지켜보셔야 했습니다. 아들 이삭을 번제물로 바치기 위해 칼을 들었던 아브라함의 찢어지는 마음은, 다름 아닌 아들 예수가 십자가에서 죽는 것을 바라보시는 하나님의 마음이었습니다.

멜 깁슨 감독의 영화 〈패션 오브 크라이스트〉는 예수님의 십자가 고난을 사실적으로 그린 작품입니다. 장면이 지나치게 잔인하다는 논란도 있었지만, 그만큼 십자가의 고통과 희생을 생생히 느끼게 합니다.

영화에서 특히 인상적인 장면이 하나 있습니다. 예수님이 십자가에서 고통 가운데 죽어가는 모습을 비추던 화면이, 어느 순간 위에서 십자가를 내려다보는 시선으로 바뀝니다. 그것은 하늘에 계신 아버지 하나님의 시선입니다. 이어 화면이 둥글게 변하며 비 한 방울이 되어 떨어집니다.

그 빗방울은 무엇을 의미할까요? 그것은 아들의 죽음을 지켜보아야 하는 아버지 하나님의 눈물입니다. 예수님의 십자가는 아버지 하나님께도 말로 다 할 수 없는 고통이었습니다.

저주받은 아들

이 고통은 단지 아들의 육체적 고통을 지켜보는 데서 끝나지 않습니다. 여기에는 더 깊은 차원의 아픔이 있습니다. 왜 하필 십자가였을까요? 왜 유대 지도자들은 예수님을 다른 방식이 아니라, 굳이 십자가에 못 박혀 죽게 했을까요?

십자가는 로마의 사형 방식이었습니다. 당시 유대는 로마의 식민지였기 때문에, 유대인에게는 공식적으로 사형을 집행할 권한이 없었습니다. 그렇다고 방법이 전혀 없었던 것은 아닙니다. 유대 사회에는 전통적인 사형 방식이 있었습니다. 바로 돌로 쳐서 죽이는 것이었지요. 실제로 간음한 여인이 돌에 맞아 죽을 뻔했고, 스데반은 돌에 맞아 순교했습니다. 유대 지도자들은 마음만 먹으면 예수님을 그렇게 죽일 수도 있었습니다.

그럼에도 그들은 예수님을 로마 법정으로 끌고 가 총독 빌라도에게 넘깁니다. 이유는 하나였습니다. 로마의 사형 방식이 십자가형이었기 때문입니다. 유대인에게 십자가는 단순한 처형 도구가 아니었습니다.

갈라디아서 3장 13절은 이렇게 말합니다.

"그리스도께서 우리를 위하여 저주를 받은 바 되사 율법의 저주에서 우리를 속량하셨으니 기록된 바 나무에 달린 자마다 저주 아래에 있는 자라 하였음이라."

바울이 위에서 인용한 말씀은 신명기 21장 23절입니다.

"그 시체를 나무 위에 밤새도록 두지 말고 그날에 장사하여 네 하나님 여호와께서 네게 기업으로 주시는 땅을 더럽히지 말라. 나무에 달린 자는 하나님께 저주를 받았음이니라."

이 말씀에 따르면, 나무에 달려 죽은 자는 하나님의 저주를 받은 자입니다. 나무에 달린 죽음은 단순한 처형이 아니라, 하나님께 버림받았음을 드러내는 표지였습니다.

바울은 이 구약의 말씀을 예수님께 적용합니다. 예수님은 십자가에 달려, 곧 '나무에 달려' 죽으셨습니다. 이는 예수님의 죽음이 하나님의 저주를 받은 죽음이었음을 뜻합니다. 유대 지도자들이 예수님을 십자가에 못 박은 이유도 여기에 있습니다. 그들은 이렇게 말하고 싶었던 것입니다.

"보라, 예수가 나무에 달려 죽지 않았느냐. 나무에 달린 자는 하나님의 저주를 받은 자다. 그런 자가 어떻게 구원자가 될 수 있느냐?"

그러나 여기에 복음의 역설이 있습니다. 예수님이 우리의 구원자가 되실 수 있는 이유는, 그들의 논리와는 정반대로 바로 하나님의 저주를 받으셨기 때문입니다. 예수님은 자신의 죄 때문이 아니라,

우리의 죄를 대신해 저주를 받으셨습니다. 그 결과 우리는 저주에서 벗어나 구원을 받게 되었습니다. 하나님의 저주를 받으신 예수님은 십자가 위에서 이렇게 외치셨습니다.

"엘리 엘리 라마 사박다니, 나의 하나님, 나의 하나님 어찌하여 나를 버리셨나이까?"(마 27:46, 막 15:34)

이 외침은 무엇을 의미합니까? 실제로 버림받지 않았는데 오해하신 것일까요? 아니면 고통이 너무 커 그렇게 느끼신 것일까요? 결코 그렇지 않습니다. 예수님은 십자가에서 실제로 하나님께 버림을 받으셨습니다. 십자가에 달리신 그분은 하나님의 저주 아래 놓이셨기 때문입니다.

십자가는 하나님이 사랑하는 독생자, 기뻐하는 아들을 버리신 사건입니다. 바로 그 십자가를 통해 우리가 구원을 받았습니다. 앞서 종교다원주의에 대해 언급했습니다. 어떤 종교이든 열심히 믿기만 하면 구원을 받을 수 있다는 생각입니다. 이 사상은 포용적이어서 현대인에게 매력적으로 보입니다. 그에 비해 "오직 예수님만이 길이다"라고 말하는 기독교는 독선적으로 들립니다.

그러나 분명히 말할 수 있습니다. 오직 예수 그리스도를 믿어야 구원을 받습니다. 사람이 지식이나 선행, 수행이나 고행을 통해 구원에 이를 수 있다면, 하나님이 사랑하는 아들을 십자가의 저주와 고통 가운데 내어 주셨을 이유가 없습니다. 십자가는 다른 길이 없었음을 증언합니다.

그러므로 구원의 길은 하나입니다. 십자가뿐입니다. 다른 종교에는 구원이 없습니다. 그곳에는 십자가가 없기 때문입니다. 우리는 오직 십자가를 통해 구원을 받습니다.

이 땅을 살아가며 우리는 때로 감당하기 어려운 고난을 만납니다. 그러나 어떤 고난도 예수 그리스도 안에서 우리를 구원하신 하나님의 사랑에서 우리를 끊을 수 없습니다. 죽음도, 생명도, 천사도, 그 어떤 권세자도 우리를 그 사랑에서 끊을 수 없습니다(롬 8:38-39).

십자가는 하나님의 눈물입니다. 그리고 그 눈물 속에서, 우리는 영원한 생명을 얻었습니다.

저주받은 나무에 달려 우리 대신 버림받으신 예수님의 희생은
아버지 하나님의 눈물겨운 사랑입니다.

6장
복음, 불가능한 교환

누가 손해를 보았는가?

대학교에서 선교 단체를 섬기던 시절의 일입니다. 캠퍼스 예배가
있을 때면, 졸업한 선배들이 가끔 찾아와 함께 예배를 드리곤 했습
니다. 그런 날이면 광고 시간에 선배들을 앞에 세워 소개하고 축복
하는 시간을 가졌습니다. 어느 날, 한 선배가 광고 시간에 갑자기

띵~

???

그럼 잊을 때까지
선물은 압수야.

돌아와~

만 원짜리 한 장을 꺼내 들더니 이렇게 말했습니다.

"누구든지 가장 먼저 손 들고 나오는 사람에게, 아무 조건 없이
이 돈을 주겠습니다."

당시 만 원은 학생들에게 꽤 큰 돈이었습니다. 그러나 아무도 선
뜻 나서지 못했습니다. 혹시 장난은 아닐까, 뒤에 어떤 조건이 붙지
않을까 서로 눈치만 보았습니다. 그때 한 후배가 조심스럽게 손을

들고 나왔습니다. 선배는 아무 말 없이 그에게 만 원을 건네 주었습니다. 정말 아무 조건도 없었습니다. 그 선배가 이렇게 행동한 데에는 이유가 있었습니다. 아무 조건 없이 주어지는 하나님의 은혜를 후배들에게 조금이라도 쉽게 가르쳐 주고 싶었던 것입니다.

사람들은 공짜를 좋아합니다. 그러나 막상 좋은 것을 공짜로 준다고 하면 쉽게 믿지 못합니다. 왜 그럴까요?

교회 사무실에 앉아 있다 보면 가끔 길에서 트럭 스피커 소리가 들려옵니다.

"주민 여러분, 쌀 한 포대를 무료로 나눠 드립니다. 지금 주민센터 앞으로 나오시면 됩니다."

대개는 사람들을 불러 모은 뒤, 광고를 하거나 물건을 파는 경우입니다. 정말 좋은 것은 공짜로 주어지지 않습니다. 적당한 값을 치르지 않는 것이라면 의심할 필요가 있습니다. 이것이 세상의 이치입니다. "공짜 점심은 없다"는 말이 괜히 나온 것이 아닙니다.

그러나 성경은 세상과 다른 원리, 곧 은혜의 원리를 말합니다. 예수님이 들려 주신 포도원 비유가 이를 잘 보여 줍니다(마 20:1-16).

주인은 이른 아침에 나가 한 데나리온의 품삯을 약속하고 품꾼들을 데려옵니다. 한 데나리온은 당시 하루 품삯이었습니다. 그런데 주인은 거기에서 멈추지 않습니다. 오전 아홉 시, 정오, 오후 세 시, 심지어 해 질 무렵인 다섯 시에도 나가서 품꾼들을 데려옵니다. 그리고 그들 모두에게 동일하게 한 데나리온을 주겠다고 약속합니다.

이윽고 품삯을 나누어 줄 시간이 되었습니다. 주인은 가장 나중에 온 사람부터 불러 약속대로 한 데나리온을 줍니다. 이를 본 먼저 온 품꾼들은 기대합니다. '한 시간 일한 사람도 한 데나리온을 받았으니 우리는 더 받겠구나.' 그러나 그 기대는 곧 무너집니다.

"먼저 온 자들이 와서 더 받을 줄 알았더니 그들도 한 데나리온씩 받은지라"(마 20:10).

그들은 불평합니다. 하루 종일 수고한 자신들과 달리, 나중에 온 사람은 겨우 한두 시간 일했을 뿐이기 때문입니다. 세상의 기준으로 보면 명백히 불공평해 보입니다.

이 장면을 어떻게 보아야 할까요? 이 비유는 품꾼의 입장이 아니라 주인의 눈으로 보아야 합니다. 주인의 행동을 가만히 들여다보면, 이상한 점은 따로 있습니다. 일찍 온 품꾼에게 약속한 임금을 준 것은 당연한 일입니다. 문제는 나중에 온 품꾼들, 심지어 한 시간밖에 일하지 않은 이들에게도 동일한 임금을 주었다는 점입니다. '최소 비용, 최대 효과'라는 세상의 경제 논리로는 도무지 이해할 수 없는 일입니다. 주인은 지금 매우 비경제적인 행위를 하고 있습니다.

그렇다면 누가 실제로 손해를 보았을까요? 먼저 온 품꾼들은 억울할 수는 있어도, 약속대로 품삯을 받았으니 손해를 본 것은 아닙니다. 진짜 손해를 본 사람은 주인입니다. 굳이 주지 않아도 될 몫까지 내어 주며 스스로 손해를 감수한 것입니다. 우리는 바로 이 점에 주목해야 합니다.

은혜의 원리

그렇다면 주인은 왜 이렇게 행동했을까요? 이 질문에 답하려면 먼저 한 가지를 분명히 해야 합니다. 이 비유는 경제 문제나 노사 관계를 설명하기 위한 이야기가 아니라는 점입니다. 예수님은 비유의 첫머리에서 그 목적을 분명히 밝히십니다.

"천국은 마치 품꾼을 얻어 포도원에 들여보내려고 이른 아침에 나간 집 주인과 같으니"(마 20:1).

이것은 천국의 비유입니다. 예수님은 이 이야기를 통해 세상의 질서와는 전혀 다른 하나님 나라의 원리를 설명하고 계십니다. 세상에서는 일한 시간과 성과에 따라 보상이 정해집니다. 한 시간 일했다면, 그에 상응하는 임금을 받는 것이 당연합니다. 이것이 경제의 원리이고, 우리가 익숙하게 살아가는 방식입니다. 그러나 천국의 원리는 다릅니다. 천국에서는 경제의 논리가 아니라 은혜의 원리가 작동합니다.

이제 다시 주인의 행동을 살펴봅시다. 주인은 나중에 온 품꾼들에게도 동일한 임금을 지급합니다. 이는 주인이 단순히 노동력이 필요해 사람들을 고용한 것이 아님을 보여 줍니다. 당시의 사회적 배경을 떠올려 보면, 이 장면은 더욱 분명해집니다.

당시는 경제적으로 어려웠던 시기입니다. 어디 가서 일할 곳을 찾기도 쉽지 않은 때입니다. 이런 상황에서 주인은 일자리가 없어 배회하는 이들에게 일자리를 제공합니다. 일자리를 제공하는 것 자체가 은혜입니다. 특히 마지막에 온 품꾼들은 어떤 사람들입니까? 6절과 7절을 보십시오.

"제십일시에도 나가 보니 서 있는 사람들이 또 있는지라. 이르되 너희는 어찌하여 종일토록 놀고 여기 서 있느냐. 이르되 우리를 품꾼으로 쓰는 이가 없음이니이다. 이르되 너희도 포도원에 들어가라 하니라."

그들은 게으른 사람들이 아니었습니다. 그저 선택받지 못한 이들, 세상이 필요 없다고 여긴 사람들이었습니다. 주인은 그런 이들에게도 일할 기회를 주고, 다른 사람들과 차별하지 않으며, 같은 품삯을 지급합니다. 이것은 세상의 논리로는 설명할 수 없는 은혜입니다.

구원의 원리

우리의 구원도 이와 같습니다. 우리는 바로 이런 방식으로 구원받은 사람들이 아니던가요? 우리는 잘나서, 무언가 대단한 일을 해서 구원받지 않았습니다. 일할 기회조차 없던 이들이 포도원에 불려 들어간 것처럼, 우리는 아무 자격도 없었는데 하나님의 부르심을 받았습니다.

구원의 길은 하나입니다. 우리는 오직 예수 그리스도의 십자가를 통해서만 구원을 받습니다. 그런데 이 십자가는 두 가지 점에서

도무지 말이 되지 않습니다.

첫째, 십자가를 지신 분이 예수님이라는 사실입니다. 예수님은 창조주 하나님이십니다. 그런데 그분이 피조물을 위해 목숨을 버리셨습니다. 그것도 영웅적인 죽음이 아니라, 당시 가장 흉악한 죄인에게 내려지던 십자가형으로 말입니다. 하나님의 아들이 그런 치욕스러운 죽음을 당하셨다는 것 자체가 상식 밖의 일입니다.

둘째, 예수님이 대신해 죽으신 대상이 죄인이며 원수였다는 사실입니다. 의로운 사람들을 위해 죽으신 것이 아닙니다. 로마서 5장 8절은 이렇게 말합니다.

"우리가 아직 죄인 되었을 때에 그리스도께서 우리를 위하여 죽으심으로 하나님께서 우리에 대한 자기의 사랑을 확증하셨느니라."

더 나아가 10절은 이렇게 말합니다.

"곧 우리가 원수 되었을 때에 그의 아들의 죽으심으로 말미암아 하나님과 화목하게 되었은즉 화목하게 된 자로서는 더욱 그의 살아나심으로 말미암아 구원을 받을 것이니라."

우리가 아직 죄인이었을 때, 더 나아가 하나님과 원수였을 때, 예수 그리스도가 우리를 위해 십자가에서 죽으셨습니다. 에베소서 2장 1절은 우리가 "허물과 죄로 죽었던" 자들이라고 말합니다. 우리는 공중의 권세 잡은 자를 따르며 살았고, 본질상 진노의 자녀였습니다. 그런 우리를 위해 예수님은 십자가에 달리셨습니다.

아무런 가치 없는 자들을 위해, 가장 가치 있는 분이 자신의 생명을 내어 주셨습니다. 이것이 십자가의 역설입니다. 세상의 경제 원리로는 설명할 수 없는 은혜의 원리입니다. 그래서 바울은 우리의 구원을 "하나님의 선물"(엡 2:8)이라고 말합니다.

진정한 선물

"구원은 선물이다"라는 말을 좀 더 깊이 생각해 볼 필요가 있습니다. 철학자 자크 데리다는 그의 책 『주어진 시간(Donner Le Temps)』에서 선물에 대해 이런 말을 합니다.

"선물은 주는 쪽에서 의식적으로든 무의식적으로든 선물로 드러나지도, 의미되지도 않아야 한다."

간단히 말해, 조금이라도 "내가 주었다"는 의식이 남아 있거나, 무엇인가를 기대한다면 그것은 더 이상 진정한 선물이 아니라는 뜻입니다. 결혼식 축의금을 예로 들어 보겠습니다. 축의금은 일종의 선물입니다. 그런데 우리는 어떤 마음으로 축의금을 냅니까? 물론 축하하는 마음으로 봉투를 내지만, 마음 한켠에는 '언젠가 나도 돌려받겠지'라는 기대가 섞여 있는 것도 사실입니다. 그런 점에서 우리 사회의 축의금은 선물이라기보다 상부상조에 가깝습니다.

데리다의 기준에 따르면, 그것은 선물이 아닙니다. 무언가를 돌려받기를 기대하며 주는 것은 교환이며, 이는 경우에 따라서는 뇌물이 될 수도 있습니다. 그가 말하는 선물은 애초에 돌려받을 수 없는 것, 곧 '불가능한 교환'입니다.

현실적으로 불가능한 교환이 이루어지는 관계를 찾기란 쉽지 않습니다. 그나마 가장 가까운 예는 부모와 자녀의 관계일 것입니다. 부모는 자녀에게 먹을 것, 입을 것을 주고 돌보면서도 대가를 계산하지 않습니다. 그러나 이마저도 완전히 불가능한 교환은 아닙니다. 부모는 언젠가 늙고, 기대하든 하지 않든 자녀의 도움이 필요할 때가 옵니다. 인간 사이에 완전한 의미의 '불가능한 교환'은 존재하지 않습니다.

그러나 하나님이 주신 구원의 선물은 완벽한 의미에서 불가능한 교환입니다. 그 선물이 어떻게 주어졌는지를 떠올려 보십시오. 십자가입니다. 하나님은 하나뿐인 아들을 처절한 죽음의 자리에 내어 주셨습니다. 그러면서 우리에게 무엇을 요구하셨습니까? 아니요, 그것은 아무 대가도 바라지 않은, 일방적인 선물이었습니다.

물론 구원받은 우리는 하나님을 위해 무언가를 합니다. 예배드리고, 교회를 섬기고, 복음을 전하며 살아갑니다. 그러나 그것이 과연 대가의 지불일까요? 하나님께 '내 것'을 드리는 일일까요?

우리는 피조물이고, 하나님은 창조주이십니다. 모든 것은 이미 하나님의 것입니다. 우리가 무엇을 드리든, 사실은 주인의 것을 다시 주인에게 돌려 드리는 것에 불과합니다. 그럼에도 하나님은 그런 우리의 모습을 기뻐하십니다. 이것 또한 은혜입니다. 우리는 오직 하나님의 은혜로 이 자리에 있습니다. 오직 은혜로 구원받았고 하나님의 자녀가 되었습니다. 이것이 복음입니다.

이 사실을 잊어 버릴 때, 우리는 포도원 비유에 나오는 '먼저 온 품꾼'처럼 행동하게 됩니다. 그들의 문제가 무엇이었습니까? 그들은 주인의 은혜를 잊었습니다. 자신들이 주인을 위해 일했다고 생각했고, 그 수고를 근거로 주인과 거래하려 했습니다. 그러나 그들이 아침부터 포도원에 들어와 일할 수 있었던 것 자체가 은혜였습니다. 처음 포도원에 들어왔을 때, 그들은 이렇게 생각했을 것입니다. '오늘은 공치지 않는구나. 일할 수 있어 감사하다.'

그러나 시간이 지나자 감사는 사라지고, 계산이 자리 잡았습니다. 은혜를 베푼 주인의 행동을 판단하고, 자신의 수고를 내세워 거래하려 들었습니다. 다시 말하지만, 이 비유는 노사 관계가 아니라 천국에 대한 비유입니다. 은혜는 협상의 결과가 아닙니다. 타협으로 얻는 것도, 노력으로 쟁취하는 것도 아닙니다. 은혜는 언제나 일방적으로 주어집니다. 그래서 예수님은 이런 말씀으로 비유를 마무리하십니다.

"이와 같이 나중 된 자로서 먼저 되고 먼저 된 자로서 나중 되리라"(마 20:16).

주인의 은혜를 모르는 자들, 하나님의 은혜를 모르는 사람들, 예수님은 이런 사람들은 비록 먼저 되었지만 나중 될 수도 있다고 경고하십니다. 우리는 지금 어떤 사람들입니까? 여전히 하나님의 은혜에 감격하며 살아가고 있습니까? 아니면 어느덧 그 은혜를 당연한 것으로 여기며 계산하고 있지는 않습니까?

구원은 자격 없는 죄인에게 대가 없이 주어지는 일방적인 선물이며, 십자가를 통해 거저 주시는 은혜입니다.

7장

복음, 하나님의 은혜

복음은 한마디로 '예수님'을 말합니다. 예수님이 곧 복음이며, 기쁜
소식입니다. 하나님의 아들이신 예수님이 우리의 죄를 대신 지고
십자가에서 죽으시고 부활하셨습니다. 이 사실을 믿는 사람은 구
원을 받습니다. 이것이 복음의 핵심입니다.

그런 의미에서 복음은 크게 둘로 나누어 생각해 볼 수 있습니
다. 하나는 '예수님이 하신 일'이고, 다른 하나는 '우리가 해야 할

먼저 살아야(중생) 믿음도 생기는 거야.

뽕

중생

아하!
살아야
믿는구나!

중생   믿음

너희는 그 은혜에 의하여 믿음으로 말미암아 구원을 받았으니 이것은 너희에게서 난 것이 아니요 하나님의 선물이라. _에베소서 2:8

일'입니다. 앞선 장에서는 주로 예수님이 하신 일을 여러 관점에서 살펴보았습니다. 이제는 우리가 어떻게 이 복음에 참여하는가의 관점에서, 곧 '믿음'의 측면에서 복음을 들여다보겠습니다.

'믿는다'는 행위에 대하여

어릴 적 주일학교에서 자주 불렀던 찬양 가운데 〈돈으로도 못 가요〉라는 곡이 있습니다. 가사는 이렇게 시작합니다.

돈으로도 못 가요 하나님 나라

힘으로도 못 가요 하나님 나라

거듭나면 가는 나라 하나님 나라

믿음으로 가는 나라 하나님 나라

돈으로도, 힘으로도, 지위로도 하나님 나라에 갈 수 없습니다. 다시 말해, 구원은 인간의 능력으로 얻는 것이 아닙니다.

에베소서 2장 8절은 이렇게 선언합니다.

"너희는 그 은혜에 의하여 믿음으로 말미암아 구원을 받았으니."

그렇습니다. 우리는 오직 믿음으로 구원을 얻고 의롭다 칭함을 받습니다. 이것이 기독교의 핵심인 '이신칭의'의 원리입니다. 그래서 교회는 늘 "구원은 행위가 아니라 오직 믿음으로 얻는 것"이라고 가르칩니다.

그런데 이 문장을 가만히 곱씹어 보면 한 가지 논리적 역설을 마주하게 됩니다. '믿음'이라는 명사는 본래 '믿는다'라는 동사에서 파생되었습니다. 따라서 "믿음으로 구원받는다"는 말은 결국 "예수님을 믿는 행위를 통해 구원받는다"는 문장으로 풀이될 수 있습니다. 여기서 '믿는다'는 엄연히 주체의 의지가 담긴 동사이기에, 자칫 '믿는 행위' 자체가 구원을 얻기 위한 또 다른 자격이나 조건처럼 들릴 수도 있습니다.

이상하지 않습니까? 구원은 행위가 아니라 믿음으로 받는다고 했는데, 이제는 '믿는다'는 행위가 구원을 결정하는 것처럼 보이니 말입니다.

은혜가 먼저다: 죽은 자는 믿을 수 없다

이 지점에서 우리는 "믿음으로 구원받는다"는 말의 순서를 정확히 이해해야 합니다. 에베소서 2장 1절은 구원받기 이전 우리의 상태를 이렇게 묘사합니다.

"그는 허물과 죄로 죽었던 너희를 살리셨도다."

성경은 우리가 '죽을 뻔한' 상태였다고 말하지 않습니다. 분명히 "죽었던 너희"라고 말합니다. 영어성경도 "You were dead"라고 과거형을 사용합니다. 이미 죽어 있는 상태였습니다. 죽은 사람은 아무것도 할 수 없습니다. 살려 달라고 외칠 수도 없고, 손을 내밀 수도 없습니다. 전적으로 무능력합니다. 구원받기 전 우리의 상태가 바로 그러했습니다. 영적으로 죽어 있었습니다.

죽은 사람이 '믿는다'는 행위를 할 수 있을까요? 행위가 끼어들 여지는 처음부터 없습니다. 개혁신학은 구원이 일어나는 논리적 순서를 다음과 같이 정리합니다. 이것은 시간의 순서라기보다 논리의 순서입니다.

소명 → 중생 → 믿음 → 회개 → 칭의 →
양자 → 성화 → 성도의 견인 → 영화

여기에서 중요한 것은 믿음 앞에 중생이 놓인다는 점입니다. 왜 그럴까요? 죽은 사람은 믿을 수 없기 때문입니다. 먼저 하나님이 죽어 있던 우리를 살리셔야 합니다. 이것이 구원의 시작입니다.

에베소서 2장 8절도 같은 흐름을 보여 줍니다. "믿음으로 말미암아" 앞에 "그 은혜에 의하여"라는 말이 먼저 나옵니다. 우리는 하나님의 은혜로 구원받았습니다. 그 은혜가 죽어 있던 우리를 먼저 살렸습니다. 죽은 자를 살리는 것은 전적으로 하나님의 일입니다. 우리는 죽어 있었기에 그 은혜를 알지도 못했습니다.

그렇다면 언제 그 은혜를 알게 됩니까? 바로 믿을 때입니다. 은혜로 살아나 "예수님을 믿습니다"라고 고백할 때, 비로소 "내가 살았구나, 구원받았구나"라는 깨달음이 듭니다. 그래서 우리 입장에서는 '믿어서 구원받는 것'처럼 느껴질 수 있습니다. 그러나 실제로는 은혜가 먼저이고, 믿음은 그 은혜의 결과입니다.

영어성경은 이를 간단히 표현합니다.

"by grace, through faith."

은혜로 말미암아 구원이 주어지고, 믿음을 통해 그 은혜를 받았음을 고백하게 됩니다. 그러므로 우리에게는 자랑할 것이 없습니다. 에베소서 2장 9절은 말합니다.

"행위에서 난 것이 아니니 이는 누구든지 자랑하지 못하게 함이라."

구원에는 우리의 공로가 조금도 섞이지 않습니다. 우리에게는 자랑할 것이 전혀 없습니다. 그래서 바울은 구원을 '선물'이라고 말합니다. 구원은 오직 하나님의 은혜로 말미암은 것입니다.

동일한 구원의 원리: 구약도, 신약도

"믿음으로 구원받는다"는 원리는 신약에만 해당하지 않습니다. 어떤 이들은 구약 시대에는 율법으로, 신약 시대에는 믿음으로 구원받는다고 생각하지만, 이는 성경 전체의 가르침과 맞지 않습니다. 구약이든 신약이든 구원의 원리는 하나입니다. 오직 믿음입니다.

창세기 15장에서 하나님은 아브라함에게 다시 한 번 자손의 약속을 주십니다. 아브라함은 어떻게 반응했습니까? 창세기 15장 6절은 이렇게 기록합니다.

"아브람이 여호와를 믿으니 여호와께서 이를 그의 의로 여기시고."

아브라함이 믿었고, 하나님은 그것을 의로 여기셨습니다. 이것이 이신칭의입니다. 많은 사람이 이신칭의를 신약에서 바울이 처음 가르친 것으로 알지만, 이것은 이미 창세기에서 선포된 원리입니다.

이신칭의의 원리는 하박국 시대에도 그대로 선언됩니다. 남유다가 멸망을 향해 치닫던 혼란한 시대에 하나님은 이렇게 말씀하셨습니다.

"보라, 그의 마음은 교만하며 그 속에서 정직하지 못하나 의인은 그의 믿음으로 말미암아 살리라"(합 2:4).

당시 유다는 절망적인 상황에 놓여 있었습니다. 마지막 개혁 군주였던 요시야 왕이 전장에서 허무하게 죽은 뒤, 나라의 운명은 급속히 기울었습니다. 뒤를 이은 여호아하스는 불과 석 달 만에 폐위되었고, 여호야김은 외세의 눈치를 보며 백성을 압제하고 불의를 일삼았습니다. 왕들이 바뀔수록 나라는 더 깊은 어둠 속으로 빠져들었습니다.

이 암울한 현실 앞에서 하박국은 하나님께 부르짖습니다.

"하나님, 도대체 언제까지입니까? 언제까지 이 악한 세상을 보고만 계실 것입니까? 왜 부르짖어도 듣지 않으십니까?"

하나님은 바벨론을 들어 유다를 심판하겠다고 응답하십니다. 하박국은 더 큰 충격을 받습니다. 하나님의 백성이 이방 민족의 손에 넘어간다니 이해할 수 없었습니다. 그가 다시 항변하자, 하나님은 두 번째 답을 주십니다. 바벨론도 결국 심판을 받을 것이며, 유다의 남은 자들은 "믿음으로 말미암아 살리라"는 약속입니다.

바울은 로마서 1장 17절에서 이 구약의 말씀을 인용합니다.

"복음에는 하나님의 의가 나타나서 믿음으로 믿음에 이르게 하나니 기록된 바 오직 의인은 믿음으로 말미암아 살리라 함과 같으니라."

바울은 율법을 지켜야 구원받는다고 주장하는 사람들에게 구약의 말씀을 인용해("기록된 바") 분명히 선언합니다. 율법이 아니라 믿음입니다. 시대가 바뀌어도 이 구원의 원리는 바뀌지 않습니다.

바울의 논리: 믿음이 먼저

바울은 구약의 말씀을 인용하는 데서 멈추지 않고, '믿음이 먼저'임을 논증합니다. 당시 율법주의자들은 특히 할례를 강조했습니다. 할례를 받지 않으면 구원을 받을 수 없다고 주장했습니다. 그 근거는 창세기 17장의 말씀이었습니다.

"할례를 받지 아니한 남자 곧 그 포피를 베지 아니한 자는 백성 중에서 끊어지리니 그가 내 언약을 배반하였음이니라"(창 17:14).

할례는 곧 하나님의 언약 백성이 되었다는 표지였습니다. 그러나 유대 율법주의자들은 할례 자체가 구원을 가져다주는 것처럼 믿었습니다. 그래서 할례를 받지 않으면 구원받지 못한다고 주장했습니다. 이에 대해 바울은 아브라함의 사건을 시간 순서대로 제시하며 반박합니다. 로마서 4장 9-11절을 보십시오.

그런즉 이 복이 할례자에게냐 혹은 무할례자에게도냐 무릇 우리가 말하기를 아브라함에게는 그 믿음이 의로 여겨졌다 하노라. 그런즉 그것이 어떻게 여겨졌느냐 할례시냐 무할례시냐 할례시가 아니요 무할례시니라. 그가 할례의 표를 받은 것은 무할례시에 믿음으로 된 의를 인친 것이니 이는 무할례자로서 믿는 모든 자의 조상이 되어 그들도 의로 여기심을 얻게 하려 하심이라.

바울의 논리는 명쾌합니다. 아브라함은 믿음으로 의롭다 함을 받았는데, 이것이 할례 받기 전인지 후인지 묻습니다. 아브라함이 믿음으로 의롭다 함을 받은 일은 창세기 15장에, 할례는 17장에 나옵니다. 무엇이 먼저입니까? 믿음입니다.

할례를 받기 이전, 무할례시에 아브라함은 믿음으로 의롭다 함을 받았습니다. 11절의 말씀대로 무할례자로서 믿는 모든 사람의 조상이 되었습니다. 그러니 할례가 구원의 조건이 될 수 없습니다.

율법도 마찬가지입니다. 갈라디아서 3장 17절에서 바울은 이렇게 말합니다.

"내가 이것을 말하노니 하나님께서 미리 정하신 언약을 사백삼십 년 후에 생긴 율법이 폐기하지 못하고 그 약속을 헛되게 하지 못하리라."

구원의 약속은 이미 창세기에서 아브라함에게 주어졌고, 율법은 그로부터 430년 뒤, 출애굽 이후 시내산에서 이스라엘 백성에게 주어졌습니다. 나중에 주어진 율법이 앞서 주어진 약속을 폐기할 수 없습니다. 구원은 우리의 행위로 받는 것이 아닙니다. 율법을 잘 지켜서 얻는 것이 아닙니다. 구원은 오직 은혜로 이루어진 일이며, 오직 믿음으로 받습니다.

값없이 주어졌으나 값을 매길 수 없는

구원은 값없이 주어졌습니다. 값없이 주어진 것과 가치 없는 것은 전혀 다릅니다. 영어 valueless는 '가치 없는'이지만, invaluable은

'값을 매길 수 없는', '매우 귀중한'이라는 뜻입니다. 너무나 소중해 돈으로 환산할 수 없다는 의미입니다.

구원은 우리에게 값없이 주어졌습니다. 그러나 그 가치는 값을 매길 수 없습니다. 우리가 구원받기 위해 치른 값은 전혀 없습니다. 예수님이 죗값을 십자가에서 대신 치르셨기 때문입니다.

하나님의 아들이 우리를 대신해 십자가에서 죽으셨습니다. 그 십자가로 인해 우리에게 구원이 값없이 주어졌습니다. 우리는 값싼 은혜를 받은 것이 아닙니다. 값으로 환산할 수 없는 큰 은혜를 받았습니다. 이 구원의 감격을 온전히 누리시기를 바랍니다. 오직 하나님의 은혜로, 선물로 받은 구원을 기뻐합시다.

죄로 인해 죽은 우리를 먼저 살리신 것이 하나님의 은혜입니다.
믿음은 공로가 아니라 그 은혜에 응답하는 결과입니다.

8장

복음, 보여 주는 삶

세상 눈에 비친 교회의 모습

기독교는 사회에 영향력이 큰 종교입니다. 그만큼 교회와 그리스도인의 모습은 늘 사회의 시선 속에 놓여 있습니다. 영화와 드라마에서 교회 이야기가 자주 등장하는 이유가 여기에 있습니다. 요즘 사람들은 영화를 보기 위해 극장을 찾기보다, 넷플릭스와 같은 OTT 플랫폼을 통해 영상 콘텐츠를 소비하는데, 그 속에서 교회는 종종 위선적이고 소통이 불가능한 집단으로 그려집니다.

화제가 되었던 드라마 〈더글로리〉에서도 가해자 중 한 명을 목사의 딸로 설정함으로써 교회에 대한 부정적 이미지를 자연스럽게 덧입힙니다.

왜 최근 영화와 드라마에서 교회의 모습은 이처럼 부정적으로 그려질까요? 영화나 드라마 같은 매체는 본질적으로 상업적입니다. 막대한 제작비가 투입되는 만큼 많은 사람이 공감하고 즐겨 보는 이야기가 담겨야 합니다. 교회에 대한 부정적인 묘사가 반복된다는 사실은, 그것이 단지 자극적이어서가 아니라 이미 많은 사람의 공감을 얻고 있다는 뜻입니다.

한국 교회의 위기는 이제 새삼스러운 말이 아닙니다. 사실이 그렇습니다. 한국 교회는 실제로 위기에 처했습니다. 이 위기는 단지 교회 밖의 비난 때문에 생긴 것이 아닙니다. 교회를 부정적으로 바라보는 시선은 초대 교회 시대에도 있었습니다. 그때는 지금보다 더 흉흉한 소문이 돌았습니다. 성찬식을 한다는 이유로 식인을 한다는 오해를 받았고, 서로를 형제자매라 부르며 가까이 지낸다는 이유로 음란한 집단이라는 비난도 들었습니다.

그러나 중요한 차이가 있습니다. 초대 교회는 그런 비난과 오해 속에서도 성장했습니다. 성도들은 매를 맞고, 감옥에 갇히고, 심지어 목숨을 잃기도 했지만 교회는 위축되지 않았습니다. 오히려 순교자의 피 위에서 더욱 자라났습니다.

반면, 오늘날의 교회는 성장이 멈추고 성도 수는 줄어들고 있습니다. 그 원인은 외부의 압력이나 시대의 변화 때문이 아닙니다. 근본적인 문제는 우리 안에 있습니다. 우리가 받은 풍성한 복음과 구원을 스스로 좁혀 버린 '축소'가 문제입니다.

축소는 시간과 공간 두 차원에서 일어났습니다. 우리는 구원의 은혜를 한 순간의 사건으로 축소시켰고, 그 영향력을 교회 안에 가둬 버린 것입니다. 먼저 구원이 어떻게 시간적으로 축소되었는지 살펴보겠습니다.

구원, 단회적 사건인가 평생의 여정인가

구원은 시간적으로 '즉각성'과 '점진성'이라는 두 얼굴을 가집니다. 즉각성이란 예수님을 믿는 순간 죄인이 의인으로 칭함받고(이신칭의), 사망에서 생명으로 즉시 옮겨지는 신분의 변화를 의미합니다. 죽었다가 살아나는 일에는 중간 과정이 있을 수 없습니다. 예수님을 믿는 순간, 죽어 있던 사람은 즉시 생명을 얻습니다. 이것은 우리가 복음의 핵심으로 강조하며 누려야 할 벅찬 감격입니다.

문제는 많은 그리스도인이 이 '단 한 번의 사건'에만 머물러 있다는 점입니다. 아기의 탄생은 축복이지만, 탄생이 곧 인생의 완성은 아닙니다. 오히려 그때부터 시행착오를 겪으며 성장하는 기나긴 여정이 시작됩니다. 구원도 마찬가지입니다. 죽었던 영혼이 생명을 얻는 것은 목적지가 아닌 출발점입니다. 단번에 얻는 구원이 있다면, 일생을 통해 점진적으로 이루어 가야 할 구원(성화)도 있습니다.

사도 바울은 빌립보서 2장 12절에서 "두렵고 떨림으로 너희 구원을 이루라"고 권면합니다. 이는 구원의 효력을 의심하라는 뜻이 아니라, 이미 얻은 생명을 삶의 모든 영역에서 드러내며 살아가라는 도전입니다.

행위는 구원의 조건이 아니라 열매

마태복음 7장에는 충격적인 장면이 등장합니다. 많은 사람이 예수님 앞에 나아와 고백합니다.

"주여, 주여, 우리가 주의 이름으로 선지자 노릇 하며 주의 이름으로 귀신을 쫓아내며 주의 이름으로 많은 권능을 행하지 아니하였나이까"(22절).

이들은 예수님을 "주여, 주여"라고 부르며 일종의 신앙고백을 하고 있습니다. 더구나 이들은 대단한 사역의 능력까지 갖춘 신실한 신앙인처럼 보입니다. 그러나 예수님의 평가는 냉정합니다.

"내가 너희를 도무지 알지 못하니 불법을 행하는 자들아 내게서 떠나가라"(23절).

그 이유가 무엇입니까? 21절에 답이 있습니다.

"나더러 주여 주여 하는 자마다 다 천국에 들어갈 것이 아니요, 다만 하늘에 계신 내 아버지의 뜻대로 행하는 자라야 들어가리라."

예수님은 지금 천국에 들어가는 자격에 대해 말씀하십니다. 천국에 들어간다는 것은 아주 단순하게 말해 '구원을 받는다'는 말입니다. 여기서 "행하는"이라는 단어 때문에 자칫 구원이 행위에 달린 것처럼 오해할 수 있습니다. 그러나 이는 사도 바울이 말한 '이신칭의'와 모순되는 것이 아닙니다. 바울은 '어떻게 구원받는가' 라는 조건을 말하고, 예수님은 '구원받은 사람이 어떻게 사는가'라는 결과를 말씀하신 것입니다.

에베소서 2장 8-9절은 구원이 행위에서 난 것이 아니라 하나님의 선물임을 분명히 합니다.

"너희는 그 은혜에 의하여 믿음으로 말미암아 구원을 받았으니 이것은 너희에게서 난 것이 아니요 하나님의 선물이라. 행위에서 난 것이 아니니 이는 누구든지 자랑하지 못하게 함이라."

그러나 곧바로 이어지는 10절은 구원의 목적을 이렇게 밝힙니다.

"우리는 그가 만드신 바라. 그리스도 예수 안에서 선한 일을 위하여 지으심을 받은 자니 이 일은 하나님이 전에 예비하사 우리로 그 가운데서 행하게 하려 하심이라."

즉 행위는 구원을 얻기 위한 수단이 아니라, 구원받은 자에게서 마땅히 드러나야 할 모습입니다. 구원은 단지 죄 사함을 받아 죽음에서 벗어나는 것으로 끝나지 않습니다. 생명을 얻은 이후의 삶 역시 구원의 일부입니다. 구원에는 즉각성도 있지만, 동시에 점진성도 있습니다. 중생과 칭의로 시작된 구원은 성화를 통해 점차 삶

전체로 확장됩니다.

그동안 우리는 죽음에서 생명으로 옮겨지는 구원만 강조했습니다. 그 결과, 삶으로 드러나는 구원은 상대적으로 약화되었습니다. 스스로 구원의 영역을 축소해 버린 것입니다. 그러나 성경이 말하는 구원은 삶 전체에서 드러납니다. 믿음으로 죄 사함을 받은 사람은 이제 그 구원이 삶으로 나타나야 합니다.

나무와 열매

예수님은 이 원리를 나무와 열매의 관계로 명쾌하게 설명하십니다. 마태복음 7장 16-20절을 보십시오.

그들의 열매로 그들을 알지니 가시나무에서 포도를, 또는 엉겅퀴에서 무화과를 따겠느냐. 이와 같이 좋은 나무마다 아름다운 열매를 맺고 못된 나무가 나쁜 열매를 맺나니 좋은 나무가 나쁜 열매를 맺을 수 없고 못된 나무가 아름다운 열매를 맺을 수 없느니라. 아름다운 열매를 맺지 아니하는 나무마다 찍혀 불에 던져지느니라. 이러므로 그들의 열매로 그들을 알리라.

도시에서 자란 사람은 잎사귀만 보고 사과나무인지 배나무인지 잘 구별하지 못합니다. 그러나 나무에 열매가 열리면 누구나 금세 알아봅니다. 사과가 달리면 사과나무이고, 배가 달리면 배나무입니다.

구원도 이와 같습니다. 누군가 정말 구원받았는지 알고 싶다면 그가 맺는 삶의 열매를 보아야 합니다. 입으로는 구원을 고백하지만 삶은 여전히 불법 가운데 있다면, 그 고백의 진실성을 의심할 수밖에 없습니다. 사과나무에 사과가 달리듯, 구원받은 사람은 하나님의 뜻대로 행하는 열매를 맺게 되어 있습니다.

다시 말하지만, 우리는 행위로 구원받지 않습니다. 그러나 구원받은 사람은 하나님의 뜻대로 행합니다. 바로 그런 삶을 통해 그 사람이 구원받았음을 알 수 있습니다. 행위는 조건이 아니라 결과요 열매입니다. 그래서 예수님은 하늘에 계신 아버지의 뜻대로 행하는 사람이 천국에 들어갈 것이라고 말씀하신 것입니다.

결국 구원은 단지 죽음에서 생명으로 옮겨지는 사건으로 끝나지 않습니다. 우리가 생명을 얻었다는 것은 겨우 살아서 숨만 쉬는 '식물인간'에 머무는 것이 아닙니다. 만약 예수님을 믿는다고 말하면서도 삶에 아무런 변화가 없다면, 복음과 무관한 일상을 살고 있는 것은 아닌지 스스로를 정직하게 돌아보아야 합니다.

삶으로 보여 주는 복음

성경은 우리에게 복음의 증인이 되라고 말합니다. 우리는 죄와 사망에서 우리를 건지신 예수님의 십자가와 부활을 전해야 합니다. 그러나 말만으로는 부족합니다. 사람들은 복음을 들려 주는 것만으로는 좀처럼 귀를 기울이지 않습니다. 이제 우리는 복음을 '보여 주어야' 합니다.

복음을 보여 준다는 것은 화려한 영상이나 시각 자료를 활용하는 것이 아닙니다. 내 삶 자체가 복음의 증거가 되는 것입니다. 나를 위해 아들을 내어 주신 하나님의 사랑이 나의 희생을 통해 나타나고, 예수님의 겸손한 섬김이 나의 일상에서 배어 나와야 합니다. 하나님의 자녀다운 모습이 내게 있어야 합니다.

우리의 삶은 복음을 보여 주고 있습니까? 세상 사람들이 우리의 모습에서 하나님의 사랑을 발견하고 있습니까? 우리는 입으로는 구원받았다고, 하나님의 자녀가 되었다고 고백합니다. 그러나 삶의 모습은 어떻습니까? 세상 사람들과 살아가는 방식이 별로 다르지 않을 때도 많습니다. 때로는 오히려 "교회 다니는 사람이 더하다"는 아픈 말을 듣기도 합니다. 이런 상황에서는 아무리 입으로 복음을 외쳐도 울리는 꽹과리에 불과합니다.

복음은 말로만 전해지는 것이 아니라 삶에서 드러나야 합니다. 우리의 일상에서 복음이 선명하게 보일 때, 사람들은 비로소 우리가 전하는 진리에 귀를 기울일 것입니다.

다음 장에서는 이 구원의 점진적 과정이 구체적으로 어떤 열매로 나타나야 하는지 더 깊이 살펴보겠습니다.

구원은 단회적 사건을 넘어서는 평생의 성화 여정으로, 하나님의 뜻을 행하는 삶으로 증명되어야 합니다.

9장

복음, 열매 맺는 삶

모세와 요한 형님…
젊었을 때 성격
장난 아니었네.

설마,
그 거룩한
분들이?

우레의 아들
(보아너게)

아오,
성질나!

교회를 향한 싸늘한 시선

2026년 2월, 기독교윤리실천운동이 전국의 19세 이상 성인을 대상
으로 실시한 여론조사 결과가 발표되었습니다. 질문은 단순했습니
다. "한국 교회를 종합적으로 얼마나 신뢰하는가?"

조사 결과, '신뢰한다'는 응답은 19퍼센트에 그친 반면, '신뢰하지

않는다'는 응답은 무려 75.4퍼센트에 달했습니다. '모르겠다'는 응답은 5.6퍼센트였습니다. 국민 10명 중 7-8명은 한국 교회를 믿지 않는다는 뜻입니다. 더 우려스러운 점은 하락의 속도입니다. 코로나19 이전인 2020년과 비교해 신뢰도는 10퍼센트 이상 급격히 추락했습니다.

그 이유는 어렵지 않게 짐작할 수 있습니다. 코로나 국면에서 한국 교회가 여러 문제로 사회의 거센 비판을 받았기 때문입니다.

왜 교회에 대한 신뢰는 계속해서 떨어지고 교인 수는 줄어드는 것일까요? 앞서 언급했듯이 그 원인을 드라마 속 부정적 묘사나 적대적인 외부의 환경 탓으로만 돌릴 수는 없습니다. 성장이 멈춘 근본적인 이유는 우리 내부에 있습니다. 바로 하나님이 주신 풍성한 복음과 구원을 우리 스스로 좁게 가둬 버린 '축소'에 그 원인이 있습니다.

앞서 8장에서는 구원의 시간적 축소를 다루며, 구원이 단순히 믿는 순간에 완성되는 '즉각성'에만 머물지 않고 일생을 통해 거룩하게 빚어져 가는 '점진성'의 과정을 포함한다는 사실을 확인했습니다. 사과나무가 사과로 존재를 증명하듯이 우리의 삶도 구원의 열매를 맺어야 합니다.

그렇다면 우리가 맺어야 할 그 '열매'는 구체적으로 무엇일까요? 우리는 구원의 점진적 과정을 오해하여 이를 단순히 '종교 활동의 양'으로 축소하곤 합니다. 그러나 성경이 말하는 참된 성장은 교회 담장 안의 활동을 넘어 우리 존재 깊은 곳의 변화를 요구합니다. 이제 9장에서는 구원이라는 시간적 여정 속에서 맺어야 할 참된 열매, 즉 '성품의 변화'에 대해 이야기해 보고자 합니다.

종교적 열심인가, 참된 신앙인가

여기서 말하는 열매는 단순한 종교적 열심이나 교회 활동이 아닙니다. 앞서 살펴본 마태복음 7장의 사람들을 기억해 보십시오. 그들은 주님의 이름으로 권능을 행하며 누구보다 눈에 띄는 종교 활동을 했지만, 그들에 대한 예수님의 평가는 단호했습니다.

"내가 너희를 도무지 알지 못한다."

이는 우리에게 매우 불편하지만 중요한 진실을 일깨워 줍니다. 교회 생활을 아무리 열심히 해도 구원받지 못한 사람일 수 있다는 사실입니다. 그렇다고 교회 안에서 이루어지는 신앙 활동이 의미 없거나 불필요하다는 뜻은 결코 아닙니다. 성경은 오히려 그 중요성을 분명히 말합니다.

초대 예루살렘 교회는 사도의 가르침을 받고, 서로 교제하며, 떡을 떼고, 기도하는 일에 힘썼습니다(행 2:42). 여기서 '떡을 떼는 것'은 성찬을 가리킵니다. 당시에는 예배 때마다 성찬이 이루어졌으므로, 이를 예배로 이해할 수 있습니다. 말씀과 교제, 예배와 기도는 교회의 본질적인 사명이며, 성도라면 마땅히 힘써야 할 신앙의 기본입니다.

다만 사람은 참된 믿음이 없어도 이러한 종교 활동을 열심히 할 수 있습니다. 하나님이 인간을 자신의 형상대로 창조하셨기에, 죄로 인해 그 형상이 훼손되었을지라도 인간 안에는 여전히 종교성이 남아 있기 때문입니다. 칼뱅은 이것을 '종교의 씨앗'이라고 표현했습니다.

그러므로 구원받은 사람의 열매를 말할 때, 우리는 종교 활동 자체를 그 열매라고 부르지 않습니다. 그것은 신앙의 토대일 뿐, 그 위에서 반드시 맺어야 할 삶의 열매가 따로 있습니다.

어떤 열매를 맺어야 하는가

갈라디아서 5장은 육체의 욕심을 따르는 삶과 성령을 따라 사는 삶을 대비합니다.

"내가 이르노니 너희는 성령을 따라 행하라. 그리하면 육체의 욕심을 이루지 아니하리라"(갈 5:16).

먼저 육체를 따라 사는 사람이 맺는 열매, 곧 '육체의 일'이 무엇인지 살펴봅시다. 바울은 음행과 더러움, 호색, 우상 숭배, 주술, 원수 맺음, 분쟁과 시기, 분냄과 당 짓기, 분열, 이단, 투기, 술 취함과 방탕함 등 여러 모습을 열거하며, 이런 삶은 하나님의 나라와 양립할 수 없다고 분명히 경고합니다(갈 5:19-21).

반면, 성령을 따라 사는 삶에는 전혀 다른 열매가 맺힙니다.

"오직 성령의 열매는 사랑과 희락과 화평과 오래 참음과 자비와 양선과 충성과 온유와 절제니 이 같은 것을 금지할 법이 없느니라"(갈 5:22-23).

우리는 성령의 역사라고 하면 종종 신비한 능력을 떠올리지만, 성경은 이를 '열매'라고 부르지 않고 '은사'라고 부릅니다. 은사는 필요에 따라 주어지는 선물이며 사람마다 다를 수 있습니다.

반면, 성령의 열매는 성령이 내주하시는 신자라면 반드시 맺어야 할 성품의 변화입니다. 사랑, 희락, 화평, 오래 참음, 자비, 양선, 충성, 온유, 절제. 이 아홉 가지 열매의 공통점은 모두 성품과 깊이 연결되어 있다는 점입니다. 성령의 사람은 기적을 행하는 사람이 아니라, 성품이 변화되어 점점 그리스도를 닮아 가는 사람입니다.

교회 안에서 흔히 이런 말을 듣습니다.

"신앙은 좋은데 사람은 별로야."

그러나 성경적으로 신앙과 성품은 결코 분리될 수 없습니다. 겉으로 보이는 종교 활동은 열심히 할 수 있어도, 참된 신앙이 없다면 성품은 변하지 않습니다. 성품은 종교 활동에 비례하지 않습니다. 반대로 도덕적으로 선한 사람이 신앙이 없는 경우도 있을 수 있습니다. 이른바 '착한 불신자들'입니다. 하지만 참된 신앙을 가진 사람은 반드시 성품의 변화를 겪습니다. 그 안에 성령이 거하시기 때문입니다.

그러므로 성경이 말하는 참된 열매는 분명합니다. 그것은 종교적 열심이나 특별한 은사가 아니라, 성령이 빚어 가시는 삶의 변화입니다. 참된 신앙은 반드시 성령의 열매, 곧 변화된 성품으로 드러납니다.

성령으로 변화되는 삶

세상 사람들은 흔히 "사람은 안 변한다", "사람 고쳐 쓰는 거 아니다"라고 말하지만, 복음은 "예수님을 믿으면 새사람이 된다"고 선포합니다. 변화는 구원의 필연적인 결과입니다. 성품뿐 아니라 성격과 기질까지 변하기 시작합니다.

대표적인 두 사람을 구약과 신약에서 각각 한 명씩 들 수 있습니다. 먼저 모세입니다. 모세는 애굽의 왕자로 자라며 권력과 힘에 익숙한 사람이었습니다. 어느 날 그는 애굽 사람이 자신의 동족 히브리 사람을 때리는 모습을 보고 분노를 억누르지 못해 그를 죽입니다. 성경은 "쳐 죽였다"고 기록하는데(출 2:12), 이는 원어의 의미상 분노가 폭발해 죽을 때까지 내리쳤다는 표현입니다. 모세의 성품이 얼마나 격했는지를 보여 주는 장면입니다.

이러한 모습은 이후에도 드러납니다. 시내산에서 십계명을 받는 동안 이스라엘 백성이 금송아지를 만들어 섬기자, 산에서 내려온 모세는 격노합니다.

"크게 노하여 손에서 그 판들을 산 아래로 던져 깨뜨리니"(출 32:19).

우상 숭배에 대한 분노 자체는 정당했지만, 그는 분을 이기지 못하고 하나님이 친히 주신 돌판까지 깨뜨립니다. 이어 금송아지를 불살라 가루로 만들고, 물에 타서 백성에게 마시게 합니다. 보통 성질이 아닙니다. 그러나 나중에 성경은 모세를 이렇게 평가합니다.

"이 사람 모세는 온유함이 지면의 모든 사람보다 더하더라"(민 12:3).

급하고 거칠었던 사람이 하나님 손에 붙들려 가장 온유한 사람으로 빚어졌습니다.

신약에서도 이렇게 변화된 인물을 찾아볼 수 있습니다. 요한은 흔히 '사랑의 사도'로 불립니다. 요한서신을 읽으면 "사랑하라"는 권면이 반복되며 노사도의 부드러운 음성이 들리는 듯합니다.

그런데 복음서를 보면, 요한에게는 뜻밖의 별명이 있었습니다. '보아너게', 곧 '우레의 아들'입니다. 성격이 불같고 성급했기에 붙은 이름입니다. 오늘날 식으로 말하면 '천둥벌거숭이'에 가까웠을 것입니다. 그 우레의 아들이 평생 사랑을 전하는 사도가 되었습니다.

이것이 성령으로 변화된 삶입니다. 예수님을 믿으면 사람은 변합니다. 아니, 변하는 것이 마땅합니다. 사과나무에 사과가 열리고 배나무에 배가 열리듯이, 성령에 속한 사람은 성령의 열매를 맺습니다. 그 열매는 신비한 능력이나 특별한 은사가 아닙니다. 바로 변화된 인격입니다. 성품이 달라지고, 사람을 대하는 태도가 바뀌는 것입니다.

그렇다면 우리는 어떻습니까? 육체의 열매를 맺고 있습니까, 성령의 열매를 맺고 있습니까? 다른 사람을 대하는 태도는 더 온유해지고 있습니까? 손해를 보더라도 기꺼이 섬기고 양보할 줄 아는 사람으로 자라고 있습니까?

다른 사람을 판단하기 전에 자신을 돌아보아야 합니다. 그리고 성령이 우리의 마음을 다스려 주시기를, 날마다 우리를 그리스도의 모습으로 빚어 주시기를 기도해야 합니다. 이것이 성령으로 변화되는 삶입니다.

복음의 증인이 되려면

성품이 중요한 이유가 있습니다. 우리는 복음의 증인이기 때문입니다. 예수님을 믿는 우리는 복음을 전하도록 부름받은 사람들입니다. 복음 전파는 예수님이 이 땅에 계실 때 친히 하신 일이었고, 제자들에게 남기신 마지막 부탁이었습니다. 그러므로 우리는 이 말씀에 순종해 복음을 전해야 합니다.

로마서 10장 14절은 이렇게 말합니다.

"그런즉 그들이 믿지 아니하는 이를 어찌 부르리요. 듣지도 못한 이를 어찌 믿으리요. 전파하는 자가 없이 어찌 들으리요."

예수님을 믿지 않는 사람이 예수님을 어떻게 부르겠습니까? 믿으려면 먼저 들어야 합니다. 그래서 복음은 반드시 전해져야 합니다. 누군가가 말로 전해 주어야 하고, 그 말이 귀에 들려야 합니다. 우리는 가족과 이웃, 친구와 동료들에게 입을 열어 복음을 전해야 합니다.

여기에서 중요한 사실이 하나 있습니다. 들려지는 복음이 실제로 사람의 마음에 가 닿으려면, 반드시 삶으로 보여져야 한다는 것입니다. 복음은 변화된 인격을 통해 증언될 때, 가장 강력한 설득력을 가집니다.

제가 캠퍼스 선교 단체에서 사역할 때의 일입니다. 신입생으로 들어온 한 후배가 있었습니다. 이 친구는 고등학교 때까지 교회를 다닌 적이 없었습니다. 그런데 대학에 들어오자마자 선교 단체에 가입했습니다. 이유를 물었더니 뜻밖의 대답을 들려 주었습니다. 그의 누나가 그 선교 단체에서 활동하고 있기 때문이라는 것입니다. 후배의 말에 따르면, 고등학교 시절까지 자기 누나는 '마귀할멈' 같았다고 합니다. 성격이 거칠고, 동생을 늘 괴롭히던 누나였습니다. 그런데 대학에 가더니 사람이 완전히 달라졌습니다. 말 그대로, 마귀할멈이 천사가 되었다는 것입니다.

변화의 이유는 분명했습니다. 그곳에서 예수님을 만났기 때문입니다. 신앙 훈련을 받으며 삶의 태도가 달라졌고, 사람을 대하는 방식이 바뀌었습니다. 이 후배는 "사람을 이렇게 바꿔 놓은 곳이 도대체 어디인가" 궁금해서 선교 단체에 들어왔다고 했습니다. 그리고 그곳에서 자신도 예수님을 믿게 되었습니다.

복음은 사람을 변화시키는 능력이 있습니다. 성품이 변한 삶 자체가 복음의 증거가 됩니다. 그럴 때, 그 사람의 입에서 나오는 복음의 말은 실제로 다른 사람의 마음에 가 닿게 됩니다. 우리는 주변 사람들에게 어떤 사람으로 기억되고 있습니까? 가족에게, 친구에게, 이웃에게, 동료들에게 복음을 드러내고 있습니까?

참된 신앙은 종교 활동을 넘어 성령이 빚으시는 온유한 인격과
그리스도를 닮은 성품으로 나타납니다.

10장

복음, 세상을 바꾸는 힘

구원의 공간적 축소

어릴 적부터 다니던 모교회에서 사역자로 섬기던 시절의 일입니다. 주일마다 말 그대로 교회 마당만 밟고 가는 어느 남자 분이 있었습니다. 그는 주일 아침이면 차로 아내와 아이들을 교회 앞에 내려 주고는 곧바로 차를 돌려 나가곤 했습니다.

그런데 어느 주일에는 예배 후에 가족과 함께 이동해야 했는지, 차를 빼지 않고 마당에 세워 둔 채 차 안에서 가족들을 기다리고 있었습니다. 제가 1층 카페에 들어와 편히 기다리라고 정중히 권해 보았지만, 그는 끝내 차 문을 열고 나오지 않았습니다.

예전에는 이와 비슷한 분들이 꽤 있었습니다. 자신은 교회에 다니지 않더라도 자녀만큼은 교회에 보냈던 분들입니다. 비록 나는 신앙이 없지만, 교회에 가면 아이들이 좋은 가르침을 받고 더 나은 인격을 갖춘 사람으로 자랄 것이라는 기대와 신뢰가 있었기에 그랬을 것입니다.

그러나 요즘은 이런 모습을 찾아보기가 점점 어렵습니다. 부모는 믿지 않는데 자녀만 교회에 보내는 경우는 이제 드문 일이 되었습니다. 오히려 자녀를 교회에 데려가는 행위 자체를 비판적으로 바라보는 목소리가 커졌습니다. 아이들의 가치관이 정립되기 전에 특정 종교를 접하게 하는 것은 '세뇌'이며, 심하게는 '아동 학대'라고 주장하는 이들까지 생겨났습니다. 말도 안 되는 이야기 같지만, 이에 공감하는 사람들이 적지 않습니다. 이것이 우리가 마주한 사회의 뼈아픈 현실입니다.

우리는 앞선 장들을 통해 한국 교회가 왜 사회적 신뢰를 잃게 되었는지 살펴보았습니다. 그 원인은 외부에 있는 것이 아니라 우리 내부에 있었고, 무엇보다 하나님이 주신 복음과 구원을 우리 스스로 축소해 온 데 있었습니다.

이제 이 마지막 장에서는 그 축소의 영향이 어디까지 미쳤는지를 짚어 보려 합니다. 바로 '구원의 공간적 축소', 즉 구원이 영향을 미치는 범위에 관한 문제입니다.

성경이 말하는 구원은 한 개인의 회심으로 매듭지어지는 사건이 아닙니다. 구원은 개인의 내면에만 머무를 수 없습니다. 참된 복음은 한 사람을 변화시키는 것에서 시작해 깨어진 관계를 새롭게 하고, 마침내 세상을 향해 확장되어 가는 역동적인 힘을 지니고 있습니다.

우리는 언제부터, 어떻게 이 위대한 구원을 개인의 신앙 영역 안에만 가두게 되었을까요? 이 장에서는 구원이 교회 담장을 넘어 세상 속으로 어떻게 흘러가야 하는지, 그 본연의 넓이를 회복하는 길에 대해 곰곰이 생각해 보겠습니다.

만물을 향한 화해의 복음

먼저 골로새서 1장 13-14절을 보십시오.

"그가 우리를 흑암의 권세에서 건져 내사 그의 사랑의 아들의 나라로 옮기셨으니 그 아들 안에서 우리가 속량 곧 죄 사함을 얻었도다."

이 말씀은 구원의 본질을 명확하게 설명합니다. 하나님이 우리를 흑암의 권세에서 건져 내어 사랑하는 아들의 나라로 옮기셨다는 것입니다. 이제 우리는 더 이상 마귀의 지배 아래 있지 않고, 하나님의 선한 통치 아래 있게 되었습니다.

이 놀라운 일은 어떻게 가능했을까요?

그 결정적인 이유가 14절에 제시됩니다. 바로 예수 그리스도 안에서 우리가 '속량', 곧 죄 사함을 받았기 때문입니다. 우리는 본래

죄로 인해 흑암의 권세에 매여 있던 자들이었으나, 예수님이 십자가에서 우리가 받아야 할 형벌을 대신 담당하셨습니다. 그 결과, 우리는 죄 사함을 얻고 하나님의 자녀가 되었습니다. 이것이 우리가 믿는 구원의 시작이며 복음의 기초입니다.

그런데 성경은 이 복음의 능력이 결코 개인적 차원에만 머무르지 않는다고 선언합니다.

골로새서 1장 20절을 이어서 보십시오.

"그의 십자가의 피로 화평을 이루사 만물 곧 땅에 있는 것들이나 하늘에 있는 것들이 그로 말미암아 자기와 화목하게 되기를 기뻐하심이라."

여기서 '만물'은 모든 피조 세계, 곧 우주 전체를 가리킵니다. 예수님이 십자가에서 흘리신 피로 화평이 이루어졌는데, 이 화평은 하나님과 나 사이의 개인적 관계 회복에 그치지 않습니다.

성경은 분명히 말합니다. 땅에 있는 것과 하늘에 있는 것, 즉 모든 피조 세계가 하나님과 화목하게 되었다고 말입니다. 예수님의 십자가는 한 개인을 넘어 온 세상에 영향을 미치는 우주적 사건입니다. 또한 구원의 범위가 만물을 향해 거침없이 확장되고 있음을 보여 줍니다.

사실 이것은 성경의 거대한 흐름 속에서 보면 너무나 당연한 이야기입니다. 창세기 1장을 보면, 하나님은 엿새 동안 천지를 창조하시며 매 순간 "보시기에 좋았더라"고 말씀하셨습니다. 모든 창조를 마치신 후에는 "심히 좋았더라"고 선언하셨습니다. 이처럼 이 세상의 만물은 본래 하나님의 선한 의도와 완벽한 질서 가운데 존재했습니다.

그러나 창세기 3장에서 치명적인 문제가 발생합니다. 바로 인간의 타락입니다. 아담과 하와의 범죄로 인해 하나님이 세우신 모든 관계가 무너졌습니다. 먼저, 하나님과 사람 사이의 관계가 깨어졌습니다. 이어서 사람과 사람 사이의 관계도 파괴되었습니다. 아담은 자신의 죄를 하와에게 전가하며 책임을 돌리기 시작했습니다.

문제는 여기에서 끝나지 않습니다. 사람과 피조 세계의 관계마저 무너졌습니다. 하나님은 사람을 자신의 형상대로 창조하시고 이 땅을 다스리는 통치의 사명을 맡기셨습니다. 그러나 죄로 인해 이 관계에도 깊은 균열이 생겼습니다.

창세기 3장 17절은 이렇게 기록합니다.

"아담에게 이르시되 네가 네 아내의 말을 듣고 내가 네게 먹지 말라 한 나무의 열매를 먹었은즉 땅은 너로 말미암아 저주를 받고 너는 네 평생에 수고하여야 그 소산을 먹으리라."

통치자로 세워진 사람의 죄로 인해 땅도 함께 저주를 받았습니다. 저주받은 땅은 더 이상 사람의 다스림에 순응하지 않게 되었고, 사람은 땀 흘려 수고해야만 겨우 생존할 수 있는 고단한 처지가 되었습니다. 결국 인간의 죄가 하나님, 타인, 그리고 피조 세계로 이어지는 삼중의 관계를 모두 무너뜨린 것입니다.

구원이란 죄로 인해 깨어진 이 모든 관계를 본래의 모습으로 회복하는 일입니다. 타락의 범위가 온 세상을 뒤덮을 만큼 포괄적이었던 것처럼, 구원의 범위 역시 그만큼 포괄적이어야 합니다.

구원은 단순히 나 한 사람이 죽어서 천국 가는 것을 보증하는 개인적인 보험이 아닙니다. 이웃과의 관계가 복음 안에서 회복되어야 하고, 죄로 인해 왜곡되고 파괴된 세상과의 관계 또한 제자리를 찾아야 합니다.

복음은 결코 '나만의 이야기'로 축소될 수 없습니다.

복음은 무너진 세상의 질서를 바로잡고 만물을 새롭게 하시는 하나님의 크신 능력입니다.

세상을 바꾸는 교회

그렇다면 깨어진 타인과의 관계는 구체적으로 어떻게 회복될 수 있을까요?

앞서 강조했듯이 그 길은 성령의 열매에 있습니다. 구원받은 사람, 즉 성령으로 충만한 신자가 맺는 참된 열매는 무엇이라고 했습니까? 방언과 예언, 신비한 치유와 축사는 교회를 세우기 위해 주시는 특별한 '은사'일 뿐, 구원받은 모든 이에게 공통으로 요구되는 '열매'는 아닙니다.

성령 충만한 사람이 반드시 맺게 되는 참된 열매는 사랑과 희락, 화평과 인내, 자비와 양선, 충성과 온유, 그리고 절제입니다. 이 아홉 가지 열매는 모두 사람의 성품과 깊이 연결되어 있습니다. 성령의 사람, 곧 구원받은 신자는 신비한 기적을 일으키는 초능력자가 아니라, 그리스도를 닮아 성품이 변화된 사람입니다. 바로 이 변화된 성품이야말로 타인과의 관계를 회복하고 화목하게 만드는 실제적인 열쇠가 됩니다.

그러나 우리가 회복해야 할 영역은 개인적인 관계에만 머물지 않습니다. 성도는 죄로 인해 타락한 이 세상을 하나님의 뜻에 따

131

라 회복해야 할 거룩한 책임도 지니고 있습니다.

그렇다면 우리는 도대체 어떻게 이 악한 세상을 바꿀 수 있을까요?

예수님의 행보를 생각해 보겠습니다. 요한복음 1장 5절은 예수님의 오심을 "빛이 어둠에 비치되"라고 묘사합니다.

당시 이스라엘은 로마의 식민 지배 아래 있었고, 나라를 되찾으려는 모든 시도가 좌절된 어둠의 시대였습니다. 경제는 파탄 났고 민생은 고달팠으며, 종교는 정신을 잃은 채 껍데기만 남았습니다. 종교 지도자들은 백성을 섬기기보다 기득권을 지키는 데 혈안이 되어 있었고, 사회는 정치적 성향에 따라 분열되어 서로를 증오했습니다. '선한 사마리아인의 비유'에서 보듯이 강도가 들끓는 불안한 사회, 그것이 예수님이 마주하신 현실이었습니다.

어디에도 희망이 보이지 않던 그 어두운 세상에서 예수님은 어떻게 일하셨습니까?

그분의 말씀과 행동은 당시 기준으로 보면 매우 급진적이고 혁명적이었습니다. 이방인을 직접 찾아가 만나셨고, 위선적인 종교 지도자들을 향해 "독사의 자식들"이라며 거침없이 일갈하셨습니다. 안식일 규례의 장벽을 허무는 파격적인 행동도 서슴지 않으셨습니다.

산상설교에 나타난 예수님의 가르침은 율법의 근간을 흔드는 위험한 선동처럼 보이기도 했습니다. 물론 그것은 오해였습니다. 예수님은 율법을 폐하러 오신 것이 아니라, 박제된 율법에 참된 생명의 정신을 불어 넣어 회복하려 하셨기 때문입니다. 그러나 기득권자들의 눈에 예수님은 기존 질서를 위협하는 불온한 인물이었고, 결국 그분은 십자가에 못 박히셨습니다.

여기서 주목할 점은 예수님이 세상을 바꾸기 위해 선택하신 방식입니다. 그분은 정치적 혁명이나 군사적 봉기를 꾀하지 않으셨습니다. 실의에 빠진 군중을 조직해 권력을 장악하려 하지도 않으셨습니다.

대신 그분은 열두 제자를 부르시고 그들을 가르쳐 '하나님의 공동체'인 교회를 세우셨습니다. 하나님을 거부하고 어둠을 탐닉하는 세상 속에서, 교회는 예수님이 선택하신 가장 강력한 변화의 도구였습니다. 악한 세상에 맞서는 하나님의 '거룩한 대안'이 된 것입니다.

그렇다면 오늘날 교회와 성도는 어떻게 세상을 바꿔야 합니까? 우리는 민주 사회의 시민으로서 마땅히 정치에 관심을 가져야 합니다. 투표를 통해 성경적 가치에 부합하는 정책과 인물을 선택하는 것은 신앙인이 가져야 할 책임 있는 자세입니다.

하지만 분명히 경계해야 할 점이 있습니다. 성도 개인이 정치에 참여하는 것과, 교회의 이름으로 집단적인 정치 세력이 되는 것은 전혀 다른 문제입니다. 최근 일부 교회가 직접 정치의 전면에 나서 영향력을 행사하려 하지만, 그 결과는 참담합니다. 세상이 더 나아지기는커녕 가짜 뉴스와 음모론이 교회의 이름으로 확산되고 있습니다. 오히려 교회가 상식조차 통하지 않는 폐쇄적 집단으로 매도되고 있습니다.

교회가 직접 정치 권력이 되는 것보다 훨씬 강력하고 지속적인 방법이 있습니다. 그것은 바로 성도 한 사람 한 사람이 자신의 삶의 자리에서 '복음을 살아내는 것'입니다. 변화된 성품으로 일상의 관계를 새롭게 하고, 세상과 다른 가치관으로 가정과 일터에서 선택을 내릴 때 세상은 서서히 변화됩니다.

이제 성경 속의 구체적인 사례를 통해, 성도가 어떻게 자신의 삶으로 세상을 바꿀 수 있는지 그 발자취를 따라가 보겠습니다.

삶으로 바꾸는 세상

에베소서에서 사도 바울은 상전과 종, 즉 주인과 노예의 관계에 대해 권면합니다. 현대인의 시각으로 이 본문을 읽다 보면 당혹감이나 불편함을 느끼기 쉽습니다. 자칫 바울이 노예 제도를 인정하거나 옹호하는 것처럼 보이기 때문입니다.

노예 제도는 인류 역사에서 명백히 잘못된 악습입니다. 당시 노예는 한 인격체로 대우받지 못하고 가축이나 가구 같은 '소유물'로 여겨졌습니다. 하나님의 형상대로 창조된 고귀한 존재를 물건처럼 다루는 행위는 그 어떤 이유로도 정당화될 수 없습니다.

그렇다면 왜 바울은 이토록 악한 제도를 즉각 폐지하라고 외치지 않았을까요? 성경은 시대를 초월한 영원한 진리를 담고 있지만, 동시에 그 말씀이 기록된 시대의 역사적 현실 속에서 말하기 때문입니다.

당시 노예 제도는 사회 전반을 지탱하는 거대한 구조였습니다. 아무런 준비 없이 제도를 즉각 철폐한다면 어떤 일이 벌어졌을까요? 사회는 걷잡을 수 없는 혼란에 빠졌을 것이며, 해방된 노예들 또한 당장의 생계를 잃었을 것입니다.

물론 악한 제도는 궁극적으로 철폐되어야 합니다. 실제로 영국의 신실한 그리스도인이자 정치가였던 윌리엄 윌버포스는 신앙의 양심에 따라 노예 제도를 폐지하기 위해 평생을 헌신했고, 마침내 그 결실을 보았습니다. 교회는 언제나 이처럼 세상을 선하게 바꾸는 방향을 향해 나아가야 합니다.

다만 바울의 시대에는 노예 제도를 당장 철폐하는 것이 현실적이지 않았습니다. 단순히 제도의 문제가 아니라 사회의 근간을 바꾸는 일이었기 때문입니다. 이런 상황에서 성도는 어떻게 해야 할까요? 그냥 포기하고 모른 척해야 합니까?

그렇지 않습니다. 내용을 바꿔서 악한 형식을 무력화할 수 있습니다. 노예 제도라는 형식은 그대로 두더라도 주인과 노예의 관계를 새롭게 하여 노예 제도를 예전과 다른 성격으로 만들 수 있습니다.

에베소서 6장 5절에서 바울은 노예들을 향해 "종들아"라고 직접 부릅니다. 이는 당시 문화로 볼 때 매우 파격적인 장면입니다. 노예를 지시와 통제의 대상이 아니라, 교회 공동체의 일원이자 그리스도의 몸 된 지체로 당당히 인정한 것입니다.

노예 제도 아래에서 노예는 가족이 될 수도, 관계의 주체가 될 수도 없었습니다. 그러나 바울은 그들을 향해 "그리스도 안에서" 권면함으로써 노예를 한 인격체로 세워 주었습니다. 제도의 형식은 그대로였지만, 그 내용은 이미 가족이자 한 몸이라는 새로운 관계로 완전히 바뀌어 있었습니다.

상전에 대한 권면도 마찬가지입니다. 바울은 에베소서 5장 21절에서 모든 관계의 대전제를 제시합니다.

"그리스도를 경외함으로 피차 복종하라."

모든 관계의 기본은 예수님을 경외하는 마음으로 서로 섬기고 복종하는 것입니다. 주인과 노예, 남편과 아내, 부모와 자녀의 관계는 한쪽이 일방적으로 군림하는 구조가 아닙니다. 서로를 존중하며 함께 세워 가는 관계로 변화되어야 합니다.

세상의 악한 제도는 하루아침에 사라지지 않을지 모릅니다. 그러나 성도는 그 제도의 내용을 '지금 여기'에서부터 바꿔 나갈 수 있습니다. 모든 사람을 하나님 앞에서 동등한 존재로 대하고 서로를 지체로 여기며 살아갈 때, 악한 제도가 휘두르는 힘은 서서히 무력해질 것입니다.

우리가 사는 세상은 여전히 악하고 불공평합니다. 단번에 모든 것을 뒤집을 수는 없지만, 교회가 할 일은 분명합니다. 세상의 방식이 아닌 하나님의 말씀을 기준으로 '다르게' 사는 것입니다. 손해를 보고 불리한 상황에 놓이더라도 말씀을 따라 묵묵히 걸어가는 것입니다.

교회가 세상과 똑같이 살면 세상이 박수를 쳐줄까요? 아니요, 오히려 더 거세게 비난합니다. 지금 한국 교회가 신뢰를 잃고 지탄받는 이유가 바로 이것입니다. 반대로 교회가 말씀에 따라 세상과 전혀 다르게 살 때도 세상은 교회를 비난할 것입니다. 하지만 그 비난은 전혀 다른 차원의 것입니다.

마틴 로이드 존스 목사는 이렇게 말했습니다.

복음의 영광은 교회가 세상과 완전히 다를 때 반드시 세상을 끌어당긴다는 데 있다. 비록 처음에는 세상이 교회의 메시지를 싫어할지라도, 결국 그 메시지에 귀를 기울이게 된다.

이것이 바로 복음의 능력입니다. 우리가 세상과 다르게 살지 않는다면, 세상이 우리에게 관심을 가질 이유도 없습니다. 세상의 시선이 아니라 하나님의 말씀이 삶의 유일한 기준이 되어야 합니다. 각자의 삶의 자리에서 말씀대로 살아 낼 때, 우리가 살아 낸 만큼 세상은 조금씩 변해 갈 것입니다.

복음은 나 한 사람을 구원하는 데서 멈추지 않습니다. 복음은 가정을 바꾸고, 공동체를 새롭게 하며, 마침내 세상을 변화시키는 하나님의 능력입니다. 우리가 복음을 치열하게 살아 내는 바로 그 자리에서, 하나님은 지금도 세상을 바꾸고 계십니다.

구원은 개인을 넘어 만물과의 관계를 회복하는 우주적 사건입니다.
우리가 일상에서 복음을 따라 살아갈 때 세상은 변화됩니다.

1장 복음, 기독교의 핵심
예수님이 유일한 구원자(그리스도)이심을 믿고
죄 사함을 받아 하나님의 자녀가 되는 것이 기독교의 핵심입니다.

2장 복음, 유일한 길
구원은 인간의 노력이 아니라 위로부터 주어진 은혜입니다.
예수님을 믿는 단순한 진리가 영생의 길입니다.

3장 복음, 최고의 가치
복음은 예수님이 사망 권세를 이기고 우리에게 영생을 주셨다는
기쁜 소식입니다. 무엇과도 바꿀 수 없는 인생의 고귀한 가치입니다.

4장 복음, 하나님의 희생
하나님은 인간의 자유의지를 존중하시며,
우리 죄와 눈물을 대신 짊어지신 십자가 사랑으로 우리를 구원하셨습니다.

5장 복음, 하나님의 눈물
저주받은 나무에 달려 우리 대신 버림받으신 예수님의 희생은
아버지 하나님의 눈물겨운 사랑입니다.

6장 복음, 불가능한 교환
구원은 자격 없는 죄인에게 대가 없이 주어지는 일방적인 선물이며,
십자가를 통해 거저 주시는 은혜입니다.

7장 복음, 하나님의 은혜
죄로 인해 죽은 우리를 먼저 살리신 것이 하나님의 은혜입니다.
믿음은 공로가 아니라 그 은혜에 응답하는 결과입니다.

8장 복음, 보여 주는 삶
구원은 단회적 사건을 넘어서는 평생의 성화 여정으로,
하나님의 뜻을 행하는 삶으로 증명되어야 합니다.

9장 복음, 열매 맺는 삶
참된 신앙은 종교 활동을 넘어 성령이 빚으시는
온유한 인격과 그리스도를 닮은 성품으로 나타납니다.

10장 복음, 세상을 바꾸는 힘
구원은 개인을 넘어 만물과의 관계를 회복하는 우주적 사건입니다.
우리가 일상에서 복음을 따라 살아갈 때 세상은 변화됩니다.

복음사용설명서

초판 1쇄 발행일 2026년 4월 20일

지은이 김덕종
펴낸이 신은철
펴낸곳 좋은씨앗
출판등록 제4-385호(1999. 12. 21)
주소 06753) 서울시 서초구 바우뫼로 156(양재동, MJ빌딩) 402호
주문전화 (02) 2057-3041
주문팩스 (02) 2057-3042
이메일 good-seed21@hanmail.net
페이스북 facebook.com/goodseedbook

ISBN 978-89-5874-438-2   03230